66 매일 성장하는 **초등 자기개발서** 99

Ⓦ 완자
공부

KB118861

Ⓠ 왜 공부력을 키워야 할까요?

쓰기력

정확한 의사소통의 기본기이며 논리의 바탕

연필을 잡고 종이에 쓰는 것을 괴로워한다!
맞춤법을 몰라 정확한 쓰기를 못한다!
말은 잘하지만 조리 있게 쓰는 것이 어렵다!
그래서 글쓰기의 기본 규칙을 정확히 알고
써야 공부 능력이 향상됩니다.

어휘력

교과 내용 이해와 독해력의 기본 바탕

어휘를 몰라서 수학 문제를 못 푼다!
어휘를 몰라서 사회, 과학 내용 이해가 안 된다!
어휘를 몰라서 수업 내용을 따라가기 어렵다!
그래서 교과 내용 이해의 기본 바탕을
다지기 위해 어휘 학습을 해야 합니다.

독해력

모든 교과 실력 향상의 기본 바탕

글을 읽었지만 무슨 내용인지 모른다!
글을 읽고 이해하는 데 시간이 오래 걸린다!
읽어서 이해하는 공부 방식을 거부하려고 한다!
그래서 통합적 사고력의 바탕인 독해 공부로
교과 실력 향상의 기본기를 닦아야 합니다.

계산력

초등 수학의 핵심이자 기본 바탕

계산 과정의 실수가 잦다!
계산을 하긴 하는데 시간이 오래 걸린다!
계산은 하는데 계산 개념을 정확히 모른다!
그래서 계산 개념을 익히고 속도와 정확성을
높이기 위한 훈련을 통해 계산력을 키워야 합니다.

세상이 변해도
배움의 즐거움은
변함없도록

시대는 빠르게 변해도
배움의 즐거움은
변함없어야 하기에

어제의 비상은
남다른 교재부터
결이 다른 콘텐츠
전에 없던 교육 플랫폼까지

변함없는 혁신으로
교육 문화 환경의 새로운 전형을
실현해왔습니다.

비상은 오늘, 다시 한번
새로운 교육 문화 환경을 실현하기 위한
또 하나의 혁신을 시작합니다.

오늘의 내가 어제의 나를 초월하고
오늘의 교육이 어제의 교육을 초월하여
배움의 즐거움을 지속하는 혁신,

바로, 메타인지학습을.

상상을 실현하는 교육 문화 기업 비상

메타인지학습
초월을 뜻하는 meta와 생각을 뜻하는 인지가 결합된 메타인지는
자신이 알고 모르는 것을 스스로 구분하고 학습계획을 세우도록 하는
궁극의 학습 능력입니다. 비상의 메타인지학습은 메타인지를 키워주어
공부를 100% 내 것으로 만들도록 합니다.

완자

공부력

초등 영어

영단어 3A

특징과 활용법

하루 4쪽 공부하기

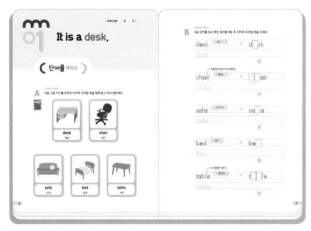

❋ 그림 카드와 함께 단어를 보고, 듣고,
따라 말하고, 쓰면서 배워요.

❋ 배운 단어를 문장에 적용해 보며
단어의 실제 쓰임새를 다시 한 번 익혀요.

❋ 철자와 우리말 발음을 색으로 연결하여 단어를 정확하게 익혀요.

예시 **scissors** [씨저r스]

| 자음 : 빨강, 파랑, 초록 | 모음 : 보라 | 굴리는 r : 주황 | 묵음 : 회색 |

모음	a [애 / 에이]		e [에 / 이-]		i [이 / 아이]		o [아 / 오 / 오우]			u [어 / 유-]	
자음	b [ㅂ]	c [ㅋ/ㅅ]	d [ㄷ]	f [ㅍ]	g [ㄱ/ㅈ]	h [ㅎ]	j [쥐]	k [ㅋ]	l [ㄹ]	m [ㅁ]	
	n [ㄴ]	p [ㅍ]	q [ㅋ]	r [ㄹ]	s [ㅅ/ㅆ/ㅈ]	t [ㅌ]	v [ㅂ]	w [우]	x [ㅋㅅ]	y [이/아이]	
	z [ㅈ]	ch [취]	sh [쉬]	th [ㅆ/ㄷ]	ph [ㅍ]	ng [응]					

↳ w, y는 자음이지만
모음으로 발음해요.

✅ 책으로 하루 4쪽 공부하며, 초등 영단어를 익혀요!

✅ 모바일앱으로 공부한 내용을 복습하고 몬스터를 잡아요!

공부한 내용 확인하기

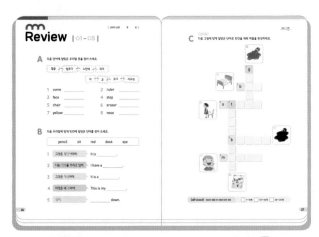

✳ 5일 동안 배운 단어를 재미있는 💡
문제로 풀어보며 복습해요.

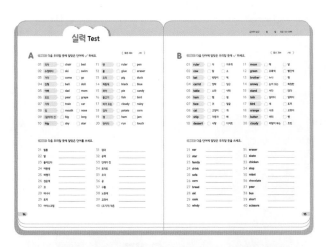

✳ 20일 동안 배운 단어를 단계별 문제로
풀어보며 자기의 실력을 확인해요.

모바일앱으로 복습하기

앱 다운받기 　　책 인증하기

✳ 그날 배운 내용을 바로바로,
또는 주말에 모아서 복습하고,
다이아몬드 획득까지! 💎
공부가 저절로 즐거워져요!

차례

3A/3B에서는 물건, 동작, 색깔, 과일, 동물, 날씨 등 3학년 영어 교과서에 나오는 주제어를 공부해요.

완자 공부력
영단어 시리즈 단어 수

	3A 100단어	3B 101단어
Start!		

누적 학습 단어 수 **100단어**   **201단어**

한 친구가
작은 습관을 만들었어요.

매일매일의 시간이 흘러
작은 습관은 큰 습관이 되었어요.

큰 습관이 지금은 그 친구를 이끌고
있어요. 매일매일의 좋은 습관은
우리를 좋은 곳으로 이끌어 줄 거예요.

**우리도
하루 4쪽 공부 습관!
스스로 공부하는 힘을
키워 볼까요?**

It is a desk.

단어를 배워요

Listen & Speak

A 다음 그림 카드를 보면서 단어와 우리말 뜻을 함께 듣고 따라 말하세요.

단어 듣기

desk
책상

chair
의자

sofa
소파

bed
침대

table
식탁

B 다음 단어를 읽고 빠진 철자를 채운 후, 단어와 우리말 뜻을 쓰세요.

desk   [데스크]   →   d☐sk

desk

뜻

→ 혀를 굴려 모음에 이어서 발음해요.

chair   [췌어r]   →   ☐☐air

chair

뜻

sofa   [쏘우파]   →   so☐a

sofa

뜻

bed   [베드]   →   be☐

bed

뜻

→ e는 발음되지 않아요.

table   [테이블]   →   t☐☐le

table

뜻

문장으로 확인해요

It is a desk.
그것은 책상이야.

A Look & Match

다음 그림에 맞게 색으로 된 알맞은 단어와 우리말 뜻을 연결하세요.

문장 듣기

1 　　　　　It is a desk.
　　　　　[잍 이즈 어 데스크]　　침대

2 　　　　　It is a bed.
　　　　　[잍 이즈 어 베드]　　책상

3 　　　　　It is a sofa.
　　　　　[잍 이즈 어 쏘우파]　　식탁

4 　　　　　It is a chair.
　　　　　[잍 이즈 어 췌어r]　　소파

5 　　　　　It is a table.
　　　　　[잍 이즈 어 테이블]　　의자

배운 단어로 문장을 이해해요!

› it은 '그것'이라는 뜻으로 물건을 가리킬 때 써요.
› 물건의 이름을 말할 때는 It is a 뒤에 물건을 나타내는 단어를 붙여 '그것은 ~(물건)이야.'라고 해요.
　(It is a desk. 그것은 책상이야.)
› 물건 한 개를 말할 때는 단어 앞에 a를 써요.
› 이 표현은 어떤 물건인지 물어보는 What is it?(그것은 무엇이니?)에 대한 대답으로 쓰여요.

B 다음 우리말에 맞게 알맞은 단어를 골라 문장을 완성하세요.

1 그것은 의자야. | chair | desk |

→ It is a _____.

2 그것은 침대야. | sofa | bed |

→ It is a _____.

3 그것은 식탁이야. | table | chair |

→ It is a _____.

C 다음 우리말에 맞게 카드를 배열한 후, 완성된 문장을 큰 소리로 읽으세요.

1 그것은 책상이야.

| desk | a | is | . |

→ It _____

2 그것은 소파야.

| a | is | sofa | it | . |

→ _____

9

02 Go.

단어를 배워요

단어 듣기

A Listen & Speak

다음 그림 카드를 보면서 단어와 우리말 뜻을 함께 듣고 따라 말하세요.

go
가다

come
오다

stop
멈추다

sit
앉다

stand
서다

B 다음 단어를 읽고 빠진 철자를 채운 후, 단어와 우리말 뜻을 쓰세요.

go [고우] → ☐o

go

뜻

come [컴] → c☐m☐

come

뜻

stop [스타앞] → ☐to☐

stop

뜻

sit [씨트] → s☐t

sit

뜻

stand [스탠드] → st☐☐d

stand

뜻

A 다음 색으로 된 단어에 알맞은 우리말 뜻을 골라 동그라미 하세요.

Choose & Circle

문장 듣기

1 **Go.**
[고우]

가다
오다

2 **Sit down.**
[씨트 다운]

서다
앉다

3 **Stand up.**
[스탠드 엎]

멈추다
서다

4 **Come here.**
[컴 히어r]

앉다
오다

5 **Stop.**
[스타앞]

멈추다
가다

배운 단어로 문장을 이해해요!

> 상대방에게 '~해라.'라고 지시할 때는 (명령문의 형태로 주어 You를 생략하고) 동작을 나타내는 단어를 문장 맨 앞에 써요. (Go. 가.)

> come은 방향을 나타내는 단어 here(이리, 여기로)를 붙여 Come here.(이리[여기로] 와.)라고 표현해요.

> sit과 stand도 위치를 나타내는 단어 down(아래로)과 up(위로)을 붙여 Sit down.((아래로) 앉아.) / Stand up.((위로) 일어서.)라고 표현해요.

Choose & Write

B 다음 그림과 우리말에 맞게 알맞은 단어를 골라 문장을 완성하세요.

stop	come	sit	go	stand

1 멈춰.
→ _____

2 가.
→ _____

3 이리 와.
→ _____ here.

Write & Speak

C 다음 우리말에 맞게 알맞은 카드를 골라 배열한 후, 완성된 문장을 큰 소리로 읽으세요.

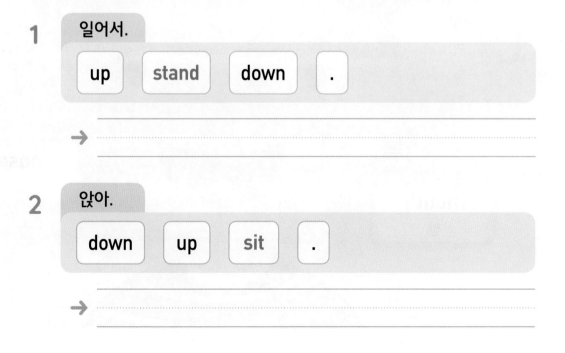

1 일어서.

| up | stand | down | . |

→ _____

2 앉아.

| down | up | sit | . |

→ _____

03 This is my eye.

단어를 배워요

A 다음 그림 카드를 보면서 단어와 우리말 뜻을 함께 듣고 따라 말하세요.

단어 듣기

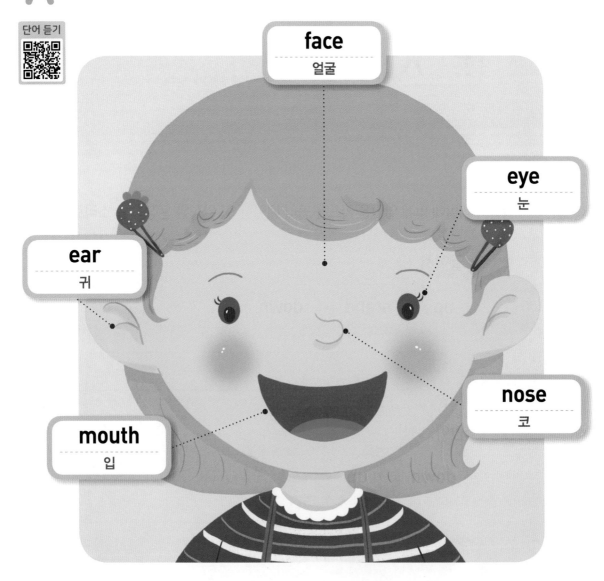

face
얼굴

eye
눈

ear
귀

nose
코

mouth
입

B 다음 단어를 읽고 빠진 철자를 채운 후, 단어와 우리말 뜻을 쓰세요.

eye [아이] → e☐e

eye

뜻 ☐

ear [이어r] → e☐r

ear

뜻 ☐

nose [노우즈] → no☐e

nose

뜻 ☐

mouth [마우ㅆ] → mou☐☐

mouth

뜻 ☐

face [페이스] → fa☐e

face

뜻 ☐

문장으로 확인해요 — This is my eye.
이것은 내 눈이야.

Choose & Circle

A 다음 색으로 된 단어에 알맞은 우리말 뜻을 골라 동그라미 하세요.

문장 듣기

1 **This is my ear.**
[디ㅆ 이즈 마이 이어r]
.... 이것은 내 [얼굴 / 귀] (이)야.

2 **This is my eye.**
[디ㅆ 이즈 마이 아이]
.... 이것은 내 [입 / 눈] 이야.

3 **This is my face.**
[디ㅆ 이즈 마이 페이스]
.... 이것은 내 [코 / 얼굴] (이)야.

4 **This is my mouth.**
[디ㅆ 이즈 마이 마우ㅆ]
.... 이것은 내 [귀 / 입] (이)야.

5 **This is my nose.**
[디ㅆ 이즈 마이 노우즈]
.... 이것은 내 [코 / 눈] (이)야.

배운 단어로 문장을 이해해요!

> '이것'이라고 가리킬 때는 this를 쓰고, my는 '나의'라는 뜻으로 뒤에는 명사가 와요.

> 몸의 일부분을 가리킬 때는 This is my 뒤에 신체 부위를 나타내는 단어를 붙여 '이것은 내 ~(신체 부위)야.' 라고 해요. (This is my eye. 이것은 내 눈이야.)

> 두 개씩 있는 신체 부위인 '눈(eye)과 귀(ear)'는 단어 끝에 -s를 붙여 복수형으로 나타내요.

Choose & Write

B 다음 그림에 맞게 알맞은 단어를 골라 문장을 완성하세요.

| mouth | face | ear | nose | eye |

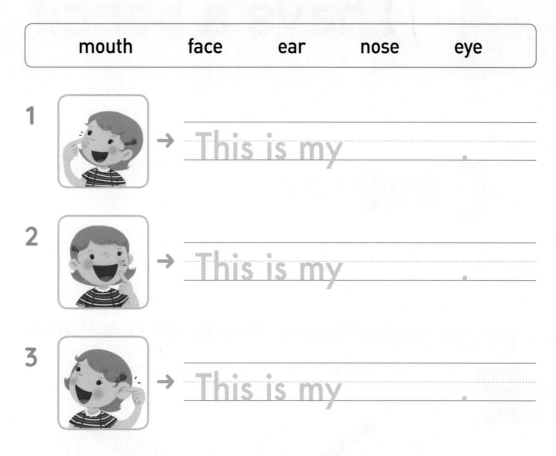

1 → This is my _____ .

2 → This is my _____ .

3 → This is my _____ .

Write & Speak

C 다음 우리말에 맞게 카드를 배열한 후, 완성된 문장을 큰 소리로 읽으세요.

1 이것은 내 얼굴이야.

| my | face | is | . |

→ This _____

2 이것은 내 눈이야.

| is | this | my | eye | . |

→ _____

04

I have a pencil.

단어를 배워요

Listen & Speak

A 다음 그림 카드를 보면서 단어와 우리말 뜻을 함께 듣고 따라 말하세요.

단어 듣기

pencil

연필

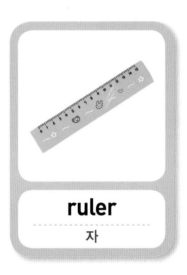

ruler

자

pen

펜

textbook

교과서

eraser

지우개

B 다음 단어를 읽고 빠진 철자를 채운 후, 단어와 우리말 뜻을 쓰세요.

i는 발음되지 않아요.

pencil　[펜슬]　→　pe ⬜ ci ⬜

pencil

뜻 ⬜

ruler　[루울러r]　→　⬜⬜ler

ruler

뜻 ⬜

pen　[펜]　→　p ⬜ n

pen

뜻 ⬜

textbook　[텍스트북]　→　tex ⬜ boo ⬜

textbook

뜻 ⬜

eraser　[이레이써r]　→　⬜r ⬜ ser

eraser

뜻 ⬜

문장으로 확인해요 — I have a pencil. 나는 연필을 가지고 있어.

Choose & Circle

A 다음 색으로 된 단어에 알맞은 우리말 뜻을 골라 동그라미 하세요.

문장 듣기

1 **I have a pen.**
[아이 해브 어 펜] ⋯⋯⋯⋯⋯⋯⋯⋯⋯⋯ 지우개 / 펜

2 **I have a ruler.**
[아이 해브 어 루울러r] ⋯⋯⋯⋯⋯⋯⋯ 자 / 교과서

3 **I have a pencil.**
[아이 해브 어 펜슬] ⋯⋯⋯⋯⋯⋯⋯⋯⋯ 펜 / 연필

4 **I have an eraser.**
[아이 해브 언 이레이써r] ⋯⋯⋯⋯⋯⋯ 자 / 지우개

5 **I have a textbook.**
[아이 해브 어 텍스트북] ⋯⋯⋯⋯⋯⋯⋯ 교과서 / 연필

배운 단어로 문장을 이해해요!

> have는 '가지다'라는 뜻을 나타내요.
> 가지고 있는 물건을 말할 때는 I have a(an) 뒤에 물건을 나타내는 단어를 붙여 '나는 ~(물건)을 가지고 있어.' 라고 해요. (I have a pencil. 나는 연필을 가지고 있어.)
> 물건이 한 개일 때는 단어 앞에 a와 an을 쓰는데, an은 모음(a, e, i, o, u)으로 시작하는 단어 앞에 써요. (I have an eraser. 나는 지우개를 가지고 있어.)

Choose & Write

B 다음 그림과 우리말에 맞게 알맞은 단어를 골라 문장을 완성하세요.

pencil	eraser	ruler	pen	textbook

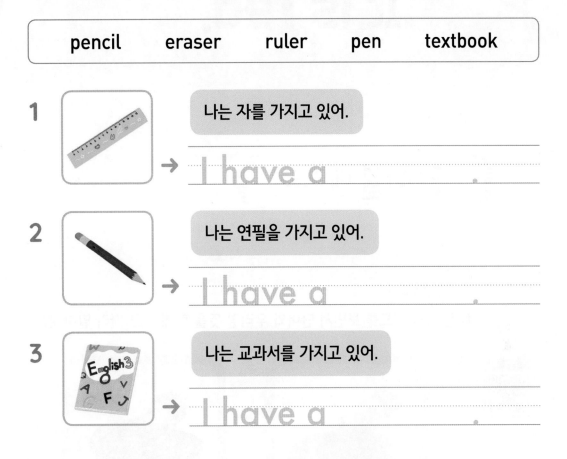

1 나는 자를 가지고 있어.

→ I have a _____.

2 나는 연필을 가지고 있어.

→ I have a _____.

3 나는 교과서를 가지고 있어.

→ I have a _____.

Write & Speak

C 다음 우리말에 맞게 카드를 배열한 후, 완성된 문장을 큰 소리로 읽으세요.

1 나는 펜을 가지고 있어.

have   pen   a   .

→ I _____

2 나는 지우개를 가지고 있어.

an   have   I   eraser   .

→ _____

It is red.

단어를 배워요

A 다음 그림 카드를 보면서 단어와 우리말 뜻을 함께 듣고 따라 말하세요.

단어 듣기

red
빨간색

blue
파란색

green
초록색

yellow
노란색

black
검은색

B 다음 단어를 읽고 빠진 철자를 채운 후, 단어와 우리말 뜻을 쓰세요.

red [레드] → ☐ed

red

뜻

blue [블루우] → bl☐☐

blue

뜻

green [그리인] → gr☐☐n

green

뜻

yellow [옐로우] → ye☐☐ow

yellow

뜻

→ c는 발음되지 않아요.

black [블랙] → bla☐☐

black

뜻

It is red.
그것은 빨간색이야.

Look & Match

A 다음 그림에 맞게 색으로 된 알맞은 단어와 우리말 뜻을 연결하세요.

문장 듣기

1  · · 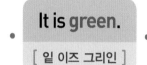 It is green. [잍 이즈 그리인] · · 초록색

2  · · 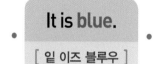 It is blue. [잍 이즈 블루우] · · 검은색

3  · · 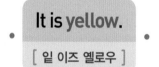 It is yellow. [잍 이즈 옐로우] · · 빨간색

4  · · 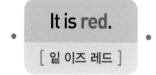 It is red. [잍 이즈 레드] · · 파란색

5  · · 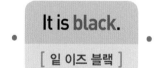 It is black. [잍 이즈 블랙] · · 노란색

배운 단어로 문장을 이해해요!

> 색깔을 말할 때는 It is 뒤에 색깔을 나타내는 단어를 붙여 '그것은 ~(색)이야.'라고 해요.
> (It is red. 그것은 빨간색이야.)
> 이 표현은 색깔을 묻는 What color is it?(그것은 무슨 색이니?)에 대한 대답으로 쓰여요.

Choose & Write

B 다음 우리말에 맞게 알맞은 단어를 골라 문장을 완성하세요.

1 그것은 검은색이야. | green | black |

→ It is _____ .

2 그것은 빨간색이야. | red | blue |

→ It is _____ .

3 그것은 초록색이야. | yellow | green |

→ It is _____ .

Write & Speak

C 다음 우리말에 맞게 카드를 배열한 후, 완성된 문장을 큰 소리로 읽으세요.

1 그것은 노란색이야.

| yellow | it | is | . |

→ _____

2 그것은 파란색이야.

| is | blue | it | . |

→ _____

Review |01-05|

A 다음 단어에 알맞은 우리말 뜻을 찾아 쓰세요.

얼굴 — 멈추다 — 노란색 — 의자

자 — 코 — 오다 — 지우개

1 come _____   2 ruler _____

3 face _____   4 stop _____

5 chair _____   6 eraser _____

7 yellow _____   8 nose _____

B 다음 우리말에 맞게 빈칸에 알맞은 단어를 찾아 쓰세요.

| pencil | sit | red | desk | eye |

1 그것은 빨간색이야.   It is _____.

2 나는 연필을 가지고 있어.   I have a _____.

3 그것은 책상이야.   It is a _____.

4 이것은 내 눈이야.   This is my _____.

5 앉아.   _____ down.

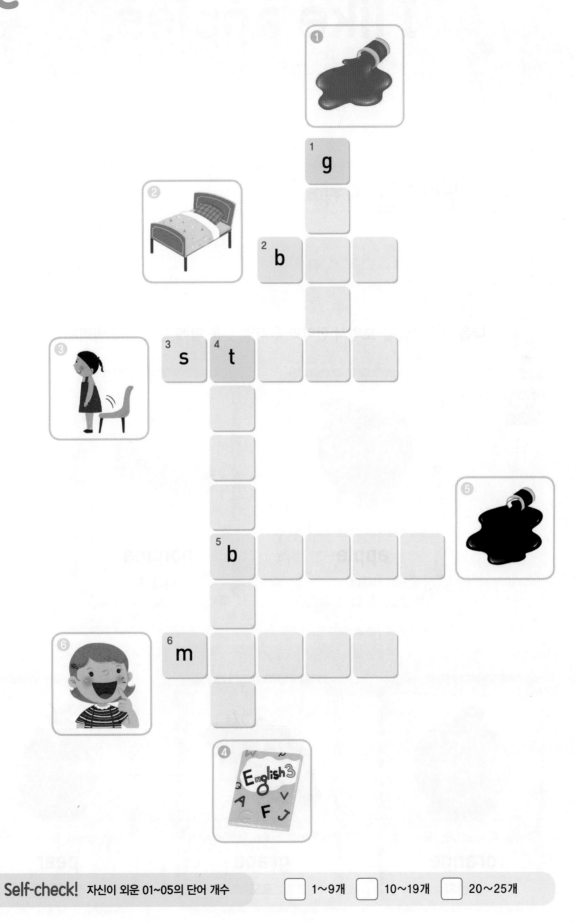

Let's Play

C 다음 그림에 맞게 알맞은 단어로 빈칸을 채워 퍼즐을 완성하세요.

I like apples.

단어를 배워요

Listen & Speak

A 다음 그림 카드를 보면서 단어와 우리말 뜻을 함께 듣고 따라 말하세요.

단어 듣기

apple

사과

banana

바나나

orange

오렌지

grape

포도

pear

배

B 다음 단어를 읽고 빠진 철자를 채운 후, 단어와 우리말 뜻을 쓰세요.

apple [애플] → ☐pp☐e

apple

뜻 ☐

banana [버내나] → ☐a☐ana

banana

뜻 ☐

orange [어-린쥐] → ☐☐ange

orange

뜻 ☐

grape [그레이프] → ☐r☐pe

grape

뜻 ☐

pear [페어r] → ☐ear

pear

뜻 ☐

Choose & Circle

A 다음 색으로 된 단어에 알맞은 우리말 뜻을 골라 동그라미 하세요.

문장 듣기

1 I like bananas.
[아이 라이크 버내나즈]

나는 | 포도 / 바나나 | 를 좋아해.

2 I like apples.
[아이 라이크 애플즈]

나는 | 사과 / 오렌지 | 를 좋아해.

3 I like pears.
[아이 라이크 페어*r*즈]

나는 | 바나나 / 배 | 를 좋아해.

4 I like grapes.
[아이 라이크 그레이프스]

나는 | 사과 / 포도 | 를 좋아해.

5 I like oranges.
[아이 라이크 어-린쥐즈]

나는 | 오렌지 / 배 | 를 좋아해.

배운 단어로 문장을 이해해요!

› like는 '좋아하다'라는 뜻을 나타내요.

› 좋아하는 것을 말할 때는 단어 끝에 -s를 붙인 복수형 단어로 써요.

› 좋아하는 과일을 말할 때는 I like 뒤에 과일을 나타내는 단어의 복수형을 붙여 '나는 ~(과일)을 좋아해.'라고 해요. (I like apples. 나는 사과를 좋아해.)

30

Choose & Write

B 다음 그림에 맞게 알맞은 단어를 골라 문장을 완성하세요.

| pears | bananas | oranges | apples | grapes |

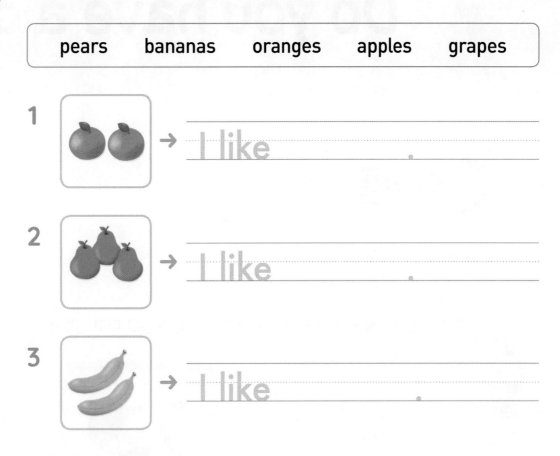

1 → I like .

2 → I like .

3 → I like .

Write & Speak

C 다음 우리말에 맞게 카드를 배열한 후, 완성된 문장을 큰 소리로 읽으세요.

1 나는 포도를 좋아해.

| I | grapes | like | . |

→

2 나는 사과를 좋아해.

| apples | like | I | . |

→

Do you have a dog?

Listen & Speak

A 다음 그림 카드를 보면서 단어와 우리말 뜻을 함께 듣고 따라 말하세요.

단어 듣기

dog
개

cat
고양이

bird
새

rabbit
토끼

fish
물고기

B 다음 단어를 읽고 빠진 철자를 채운 후, 단어와 우리말 뜻을 쓰세요.

dog [도오그] → ☐og

dog

뜻

cat [캐트] → ca☐

cat

뜻

bird [버어*r*드] → b☐rd

bird

뜻

rabbit [래빝] → ra☐☐it

rabbit

뜻

fish [피쉬] → fi☐☐

fish

뜻

A Look & Match

다음 그림에 맞게 색으로 된 알맞은 단어와 우리말 뜻을 연결하세요.

문장 듣기

1   · · **Do you have a dog?** [두 유 해브 어 도오그] · · 고양이

2   · · **Do you have a rabbit?** [두 유 해브 어 래빝] · · 물고기

3   · · **Do you have a bird?** [두 유 해브 어 버어r드] · · 개

4   · · **Do you have a cat?** [두 유 해브 어 캐ㅌ] · · 새

5   · · **Do you have a fish?** [두 유 해브 어 피쉬] · · 토끼

배운 단어로 문장을 이해해요!

› have는 '가지다'라는 뜻을 나타내요.

› '너는 ~((반려)동물)을 가지고 있니?'라고 물어볼 때는 Do you have a 뒤에 (반려)동물을 나타내는 단어를 붙여 표현해요. (Do you have a dog? 너는 개를 가지고 있니?)

Choose & Write

B 다음 우리말에 맞게 알맞은 단어를 골라 문장을 완성하세요.

1 너는 물고기를 가지고 있니? | dog | fish |

→ Do you have a   ?

2 너는 토끼를 가지고 있니? | rabbit | cat |

→ Do you have a   ?

3 너는 개를 가지고 있니? | bird | dog |

→ Do you have a   ?

Write & Speak

C 다음 우리말에 맞게 카드를 배열한 후, 완성된 문장을 큰 소리로 읽으세요.

1 너는 새를 가지고 있니?

| bird | have | a | you | ? |

→ Do

2 너는 고양이를 가지고 있니?

| a | cat | you | do | have | ? |

→

08

It is my book.

단어를 배워요

Listen & Speak

A 다음 그림 카드를 보면서 단어와 우리말 뜻을 함께 듣고 따라 말하세요.

단어 듣기

book

책

doll

인형

robot

로봇

ball

공

bat

방망이

B 다음 단어를 읽고 빠진 철자를 채운 후, 단어와 우리말 뜻을 쓰세요.

book [북] → b☐☐k

book

뜻 ☐

doll [다알] → d☐ll

doll

뜻 ☐

robot [로오바아ㅌ] → r☐bo☐

robot

뜻 ☐

ball [보올] → b☐ll

ball

뜻 ☐

bat [배ㅌ] → b☐t

bat

뜻 ☐

문장으로 확인해요

It is my book.
그것은 내 책이야.

Choose & Circle

A 다음 색으로 된 단어에 알맞은 우리말 뜻을 골라 동그라미 하세요.

문장 듣기

1 It is my robot.
[잍 이즈 마이 로오바아트]

공
로봇

2 It is my doll.
[잍 이즈 마이 다알]

방망이
인형

3 It is my book.
[잍 이즈 마이 붑]

로봇
책

4 It is my bat.
[잍 이즈 마이 배트]

책
방망이

5 It is my ball.
[잍 이즈 마이 보올]

인형
공

배운 단어로 문장을 이해해요!

> it은 '그것'이라는 뜻으로 사물을 가리킬 때 쓰며, my는 '나의'라는 뜻으로 뒤에는 명사가 와요.

> '그것은 내 ~(물건)이야.'라고 물건을 가리키며 말할 때는 It is my 뒤에 물건을 나타내는 단어를 붙여 표현해요. (It is my book. 그것은 내 책이야.)

B 다음 그림과 우리말에 맞게 알맞은 단어를 골라 문장을 완성하세요.

| doll | ball | book | robot | bat |

1 그것은 내 공이야.

→ It is my _____.

2 그것은 내 로봇이야.

→ It is my _____.

3 그것은 내 책이야.

→ It is my _____.

C 다음 우리말에 맞게 카드를 배열한 후, 완성된 문장을 큰 소리로 읽으세요.

1 그것은 내 인형이야.

| it | my | doll | is | . |

→ _____

2 그것은 내 방망이야.

| is | bat | my | it | . |

→ _____

09 I can sing.

단어를 배워요

Listen & Speak

A 다음 그림 카드를 보면서 단어와 우리말 뜻을 함께 듣고 따라 말하세요.

단어 듣기

sing

노래하다

swim

수영하다

cook

요리하다

skate

스케이트를 타다

ski

스키를 타다

B 다음 단어를 읽고 빠진 철자를 채운 후, 단어와 우리말 뜻을 쓰세요.

sing [씽] → si◻◻

sing

뜻 ◻

swim [스윔] → swi◻

swim

뜻 ◻

cook [쿡] → ◻ook

cook

뜻 ◻

skate [스케이트] → ska◻◻

skate

뜻 ◻

ski [스키이] → s◻i

ski

뜻 ◻

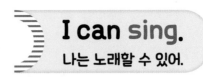
I can sing.
나는 노래할 수 있어.

Look & Match

A 다음 그림에 맞게 색으로 된 알맞은 단어와 우리말 뜻을 연결하세요.

1

I can swim.
[아이 캔 스윔]

노래하다

2

I can sing.
[아이 캔 씽]

수영하다

3

I can cook.
[아이 캔 쿡]

스키를 타다

4

I can ski.
[아이 캔 스키이]

요리하다

5

I can skate.
[아이 캔 스케이트]

스케이트를 타다

배운 단어로 문장을 이해해요!

> can은 '~할 수 있다'라는 뜻으로 능력을 나타낼 때 써요.

> 할 수 있는 일을 말할 때는 I can 뒤에 동작을 나타내는 단어를 붙여 '나는 ~할 수 있어.'라고 해요.
(I can sing. 나는 노래할 수 있어.)

Choose & Write

B 다음 우리말에 맞게 알맞은 단어를 골라 문장을 완성하세요.

1 나는 요리할 수 있어.　cook　sing

→ I can _____ .

2 나는 스키를 탈 수 있어.　skate　ski

→ I can _____ .

3 나는 수영할 수 있어.　sing　swim

→ I can _____ .

Write & Speak

C 다음 우리말에 맞게 카드를 배열한 후, 완성된 문장을 큰 소리로 읽으세요.

1 나는 스케이트를 탈 수 있어.

can　I　skate　.

→ _____

2 나는 노래할 수 있어.

sing　can　I　.

→ _____

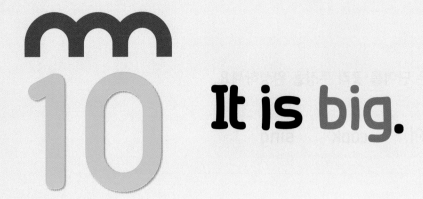

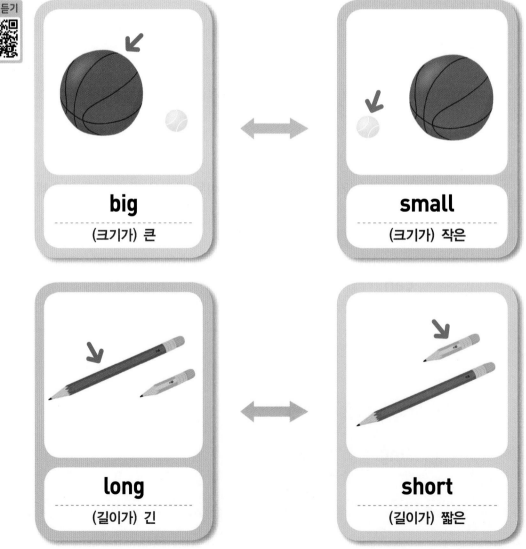

10 It is big.

단어를 배워요

Listen & Speak

A 다음 그림 카드를 보면서 단어와 우리말 뜻을 함께 듣고 따라 말하세요.

단어 듣기

big
(크기가) 큰

small
(크기가) 작은

long
(길이가) 긴

short
(길이가) 짧은

B 다음 단어를 읽고 빠진 철자를 채운 후, 단어와 우리말 뜻을 쓰세요.

big [빅] → bi☐

big

뜻

small [스모올] → ☐mall

small

뜻

long [로옹] → ☐ong

long

뜻

short [쇼오r트] → sho☐☐

short

뜻

Choose & Circle

A 다음 색으로 된 단어에 알맞은 우리말 뜻을 골라 동그라미 하세요.

문장 듣기

1 It is long.
[잍 이즈 로옹]

(길이가) 짧은
(길이가) 긴

2 It is short.
[잍 이즈 쇼오r트]

(크기가) 큰
(길이가) 짧은

3 It is big.
[잍 이즈 빅]

(크기가) 작은
(크기가) 큰

4 It is small.
[잍 이즈 스모올]

(길이가) 긴
(크기가) 작은

배운 단어로 문장을 이해해요!

> it은 '그것'이라는 뜻으로 구체적인 사물을 대신해서 쓰였어요. it 대신에 물건의 이름을 써도 돼요.

> 물건의 크기나 길이를 말할 때는 It is 뒤에 크기나 길이를 나타내는 단어를 붙여 '그것은 (크기가/길이가) ~해.' 라고 해요. (It is big. 그것은 (크기가) 커.)

> 크기를 나타내는 big과 small, 길이를 나타내는 long과 short는 각각 반대 의미를 나타내요.

Choose & Write

B 다음 그림과 우리말에 맞게 알맞은 단어를 골라 문장을 완성하세요.

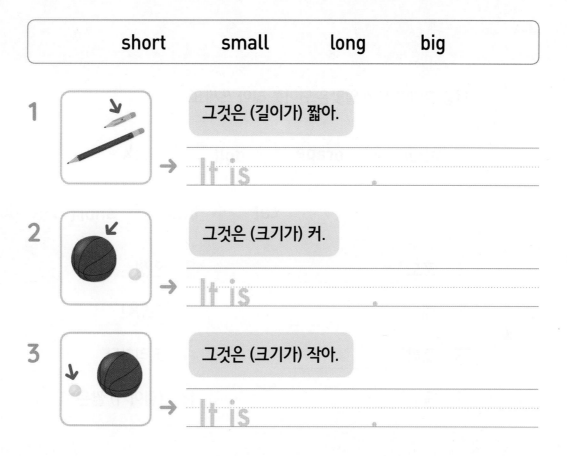

short	small	long	big

1 그것은 (길이가) 짧아.
→ It is   .

2 그것은 (크기가) 커.
→ It is   .

3 그것은 (크기가) 작아.
→ It is   .

Write & Speak

C 다음 우리말에 맞게 알맞은 카드를 골라 배열한 후, 완성된 문장을 큰 소리로 읽으세요.

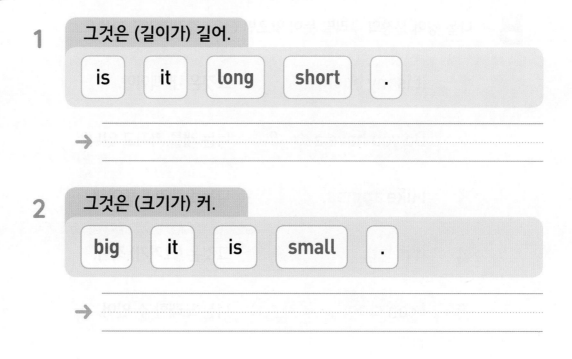

1 그것은 (길이가) 길어.

| is | it | long | short | . |

→

2 그것은 (크기가) 커.

| big | it | is | small | . |

→

Review | 06 - 10 |

A 다음 우리말 뜻에 알맞은 단어를 찾아 쓰세요.

rabbit → grape → doll → cook

cat → ball → short → pear

1 포도 _____

2 인형 _____

3 배 _____

4 고양이 _____

5 토끼 _____

6 요리하다 _____

7 공 _____

8 (길이가) 짧은 _____

B 다음 영어 문장의 우리말 뜻이 맞으면 ○표, 틀리면 X표 하세요.

1 It is my book. → 그것은 내 책이야. ·········· ☐

2 Do you have a dog? → 너는 개를 가지고 있니? ·········· ☐

3 I like apples. → 나는 오렌지를 좋아해. ·········· ☐

4 It is big. → 그것은 (크기가) 작아. ·········· ☐

5 I can sing. → 나는 노래할 수 있어. ·········· ☐

C Let's Play

다음 우리말 뜻에 알맞은 단어를 찾아 동그라미 한 후, 빈칸에 쓰세요.

h	p	e	s	v	b	x
f	s	i	g	u	a	r
i	w	a	m	k	n	r
s	i	o	b	s	a	o
h	m	a	k	o	n	b
c	e	i	y	j	a	o
s	m	a	l	l	s	t

1 바나나　＿＿＿＿＿＿＿

2 수영하다　＿＿＿＿＿＿＿

3 로봇　＿＿＿＿＿＿＿

4 (크기가) 작은　＿＿＿＿＿＿＿

5 스키를 타다　＿＿＿＿＿＿＿

6 물고기　＿＿＿＿＿＿＿

D Let's Play

다음 사다리를 타면서 그림과 단어가 일치하면 ○표, 일치하지 <u>않으면</u> X표 하세요.

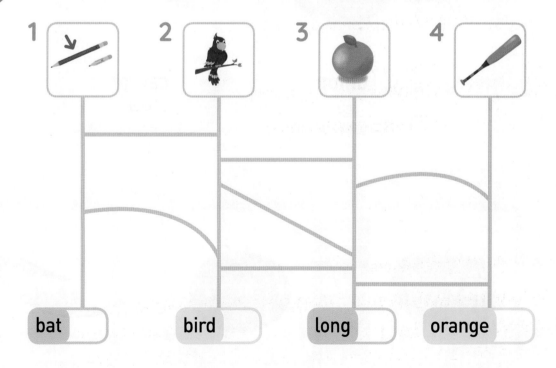

1　bat　2　bird　3　long　4　orange

Self-check! 자신이 외운 06~10의 단어 개수　　☐ 1~9개　☐ 10~19개　☐ 20~24개

11 I don't like onions.

단어를 배워요

Listen & Speak

A 다음 그림 카드를 보면서 단어와 우리말 뜻을 함께 듣고 따라 말하세요.

단어 듣기

onion

양파

carrot

당근

potato

감자

tomato

토마토

corn

옥수수

B 다음 단어를 읽고 빠진 철자를 채운 후, 단어와 우리말 뜻을 쓰세요.

onion [어니언] → ☐nion

onion

뜻 ☐

carrot [캐럿] → ☐arro☐

carrot

뜻 ☐

potato [퍼테이토우] → ☐ot☐to

potato

뜻 ☐

tomato [터메이토우] → ☐o☐ato

tomato

뜻 ☐

corn [코r온] → cor☐

corn

뜻 ☐

A 다음 색으로 된 단어에 알맞은 우리말 뜻을 골라 동그라미 하세요.

문장 듣기

1 I don't like onions.
[아이 도운ㅌ 라이크 어니언즈]

양파
감자

2 I don't like carrots.
[아이 도운ㅌ 라이크 캐럴스]

토마토
당근

3 I don't like tomatoes.
[아이 도운ㅌ 라이크 터메이토우즈]

양파
토마토

4 I don't like potatoes.
[아이 도운ㅌ 라이크 퍼테이토우즈]

감자
옥수수

5 I don't like corn.
[아이 도운ㅌ 라이크 코r온]

옥수수
당근

배운 단어로 문장을 이해해요!

▸ '좋아하지 않는다'라고 말할 때는 like(좋아하다) 앞에 부정어 do not의 줄임말인 don't를 써요.

▸ 좋아하지 않는 것을 말할 때는 단어 끝에 -s나 -es를 붙인 복수형 단어로 써요.

▸ '나는 ~(채소)을 좋아하지 않아.'라고 말할 때는 I don't like 뒤에 채소를 나타내는 단어의 복수형을 붙여 표현해요. (I don't like onions. 나는 양파를 좋아하지 않아.)

▸ corn은 셀 수 없으므로 복수형(corns)으로 쓰지 않아요.

B 다음 그림과 우리말에 맞게 알맞은 단어를 골라 문장을 완성하세요.

| tomatoes | carrots | potatoes | onions | corn |

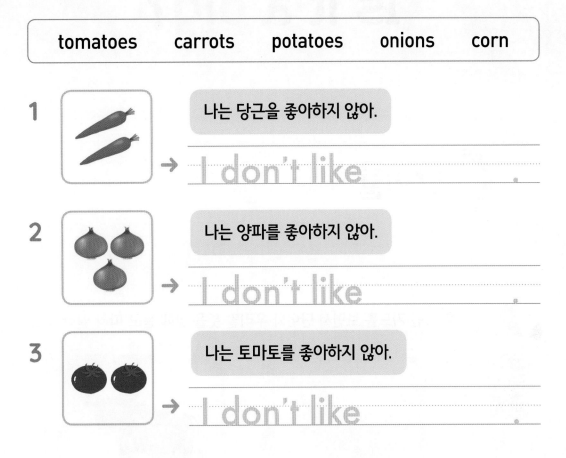

1 나는 당근을 좋아하지 않아.

→ I don't like .

2 나는 양파를 좋아하지 않아.

→ I don't like .

3 나는 토마토를 좋아하지 않아.

→ I don't like .

C 다음 우리말에 맞게 카드를 배열한 후, 완성된 문장을 큰 소리로 읽으세요.

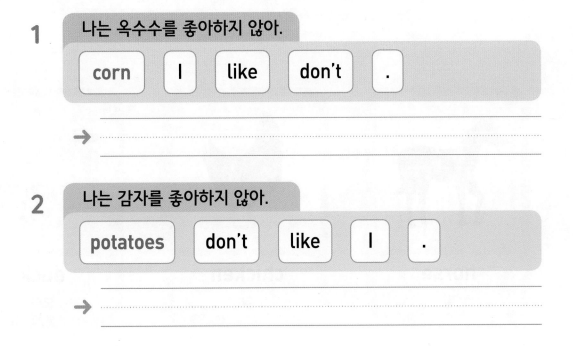

1 나는 옥수수를 좋아하지 않아.

corn | I | like | don't | .

→

2 나는 감자를 좋아하지 않아.

potatoes | don't | like | I | .

→

Is it a pig?

Listen & Speak

A 다음 그림 카드를 보면서 단어와 우리말 뜻을 함께 듣고 따라 말하세요.

단어 듣기

pig
돼지

cow
소

horse
말

chicken
닭

duck
오리

B 다음 단어를 읽고 빠진 철자를 채운 후, 단어와 우리말 뜻을 쓰세요.

pig   [피그]   →   pi ▢

pig

뜻

cow   [카우]   →   c ▢ ▢

cow

뜻

horse   [호오r스]   →   ▢ o ▢ se

horse

뜻

chicken   [취킨]   →   ▢ ▢ icken

chicken

뜻

duck   [덕]   →   d ▢ ck

duck

뜻

Look & Match

A 다음 그림에 맞게 색으로 된 알맞은 단어와 우리말 뜻을 연결하세요.

문장 듣기

1  ・ ・ **Is it a pig?**
[이즈 잍 어 피그] ・ ・ 소

2  ・ ・ **Is it a horse?**
[이즈 잍 어 호오r스] ・ ・ 돼지

3  ・ ・ **Is it a cow?**
[이즈 잍 어 카우] ・ ・ 말

4  ・ ・ **Is it a duck?**
[이즈 잍 어 덕] ・ ・ 닭

5  ・ ・ **Is it a chicken?**
[이즈 잍 어 취킨] ・ ・ 오리

배운 단어로 문장을 이해해요!

> '그것은 ~(가축[동물])이니?'라고 가축[동물]이 맞는지 확인할 때는 Is it a 뒤에 가축[동물]을 나타내는 단어를 붙여 표현해요. (Is it a pig? 그것은 돼지니?)

> Is it a ~?는 It is a ~.(그것은 ~이야.)에서 it과 is의 순서를 바꿔 물어보는 문장으로 만든 거예요.
(It is a pig. 그것은 돼지야. → Is it a pig? 그것은 돼지니?)

Choose & Write

B 다음 우리말에 맞게 알맞은 단어를 골라 문장을 완성하세요.

1 그것은 말이니?   cow | horse

→ Is it a _____?

2 그것은 닭이니?   chicken | pig

→ Is it a _____?

3 그것은 소니?   duck | cow

→ Is it a _____?

Write & Speak

C 다음 우리말에 맞게 카드를 배열한 후, 완성된 문장을 큰 소리로 읽으세요.

1 그것은 오리니?

is | it | duck | a | ?

→ _____

2 그것은 돼지니?

pig | is | a | it | ?

→ _____

This is my mom.

단어를 배워요

Listen & Speak

A 다음 그림 카드를 보면서 단어와 우리말 뜻을 함께 듣고 따라 말하세요.

단어 듣기

mom
엄마

dad
아빠

sister
여자 형제(언니, 누나, 여동생)

brother
남자 형제(형, 오빠, 남동생)

family
가족

B 다음 단어를 읽고 빠진 철자를 채운 후, 단어와 우리말 뜻을 쓰세요.

mom [맘] → m □ m

mom

뜻

dad [대드] → d □ d

dad

뜻

sister [씨스터r] → □ i □ ter

sister

뜻

brother [브라더r] → bro □□ er

brother

뜻

family [패멀리] → □ ami □ y

family

뜻

Choose & Circle

A 다음 색으로 된 단어에 알맞은 우리말 뜻을 골라 동그라미 하세요.

문장 듣기

1 This is my dad.

[디ㅆ 이즈 마이 대드]

이분은 나의 | 엄마 / 아빠 | 야.

2 This is my mom.

[디ㅆ 이즈 마이 맘]

이분은 나의 | 아빠 / 엄마 | 야.

3 This is my family.

[디ㅆ 이즈 마이 패멀리]

이 사람은 나의 | 여동생 / 가족 | 이야.

4 This is my brother.

[디ㅆ 이즈 마이 브라더r]

이 사람은 나의 | 가족 / 남동생 | 이야.

5 This is my sister.

[디ㅆ 이즈 마이 씨스터r]

이 사람은 나의 | 언니 / 오빠 | 야.

배운 단어로 문장을 이해해요!

> This is ~.는 '이 사람[이분]은 ~이야.'라는 뜻으로 사람을 소개할 때 쓰는 표현이에요.
> 여기서 this는 물건이 아닌 사람을 가리키므로 '이것'이 아니라 '이 사람, 이분'이라고 해요.
> '이 사람[이분]은 나의 ~(가족)이야.'라고 가족을 소개할 때는 This is my 뒤에 가족을 나타내는 단어를 붙여 표현해요. (This is my mom. 이분은 나의 엄마야.)

정답 117쪽

B

Choose & Write

다음 그림에 맞게 알맞은 단어를 골라 문장을 완성하세요.

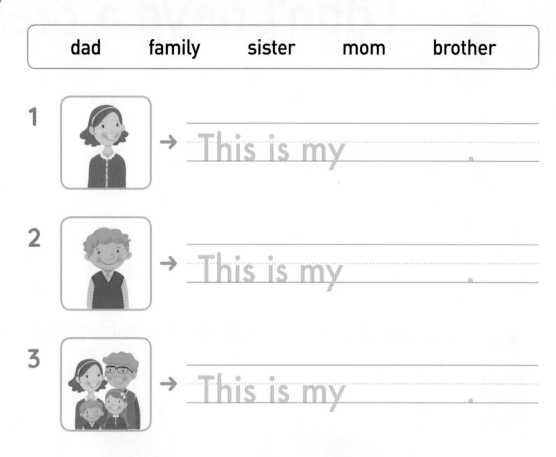

| dad | family | sister | mom | brother |

1 → This is my _____.

2 → This is my _____.

3 → This is my _____.

C

Write & Speak

다음 우리말에 맞게 카드를 배열한 후, 완성된 문장을 큰 소리로 읽으세요.

1 이 사람은 나의 누나야.

this is sister my .

→ _____

2 이분은 나의 아빠야.

is dad my this .

→ _____

14

I don't have a crayon.

단어를 배워요

A 다음 그림 카드를 보면서 단어와 우리말 뜻을 함께 듣고 따라 말하세요.

단어 듣기

crayon
크레용

notebook
공책

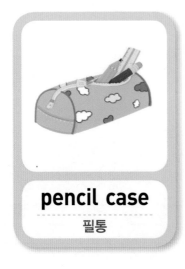

pencil case
필통

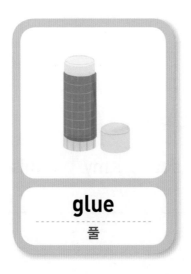

glue
풀

scissors
가위

B 다음 단어를 읽고 빠진 철자를 채운 후, 단어와 우리말 뜻을 쓰세요.

crayon [크레이언] → ☐r☐yon

crayon

뜻 ☐

[노우트북]

notebook → ☐oteb☐☐k

notebook

뜻 ☐

[펜슬 케이스]

pencil case → pen☐il ca☐☐

pencil case

뜻 ☐

glue [글루우] → ☐lue

glue

뜻 ☐

→ c는 발음되지 않아요.

scissors [씨저r스] → s☐i☐☐ors

scissors

뜻 ☐

문장으로 확인해요

I don't have a crayon.
나는 크레용을 가지고 있지 않아.

Choose & Circle

A 다음 색으로 된 단어에 알맞은 우리말 뜻을 골라 동그라미 하세요.

문장 듣기

1 I don't have a pencil case.
[아이 도운ㅌ 해브 어 펜슬 케이스]

가위
필통

2 I don't have a crayon.
[아이 도운ㅌ 해브 어 크레이언]

크레용
풀

3 I don't have a notebook.
[아이 도운ㅌ 해브 어 노우트북]

필통
공책

4 I don't have glue.
[아이 도운ㅌ 해브 글루우]

풀
공책

5 I don't have scissors.
[아이 도운ㅌ 해브 씨저r스]

가위
크레용

배운 단어로 문장을 이해해요!

> '가지고 있지 않다'라고 말할 때는 have(가지다) 앞에 부정어 do not의 줄임말인 don't를 써요.

> 물건을 가지고 있지 않다고 말할 때는 I don't have (a) 뒤에 물건을 나타내는 단어를 붙여 '나는 ~(물건)을 가지고 있지 않아.'라고 해요. (I don't have a crayon. 나는 크레용을 가지고 있지 않아.)

> glue는 일정한 형태가 없는 물질로 셀 수 없으므로 단어 앞에 a를 쓸 수 없어요.

> scissors는 다리가 두 개라서 단어 끝에 -s를 붙여 항상 복수형으로 써요.

15

I want candy.

단어를 배워요

Listen & Speak

A 다음 그림 카드를 보면서 단어와 우리말 뜻을 함께 듣고 따라 말하세요.

단어 듣기

candy

사탕

ice cream

아이스크림

pie

파이

chocolate

초콜릿

dessert

디저트

B 다음 단어를 읽고 빠진 철자를 채운 후, 단어와 우리말 뜻을 쓰세요.

candy   [캔디]   → can☐☐

candy

뜻 ☐

[아이스 크림]

ice cream   → ☐ce cr☐☐m

ice cream

뜻 ☐

pie   [파이]   → p☐☐

pie

뜻 ☐

o는 발음되지 않아요.   [촤아클릿]

chocolate   → ☐☐o☐olate

chocolate

뜻 ☐

[디저r트]

dessert   → d☐ss☐rt

dessert

뜻 ☐

Look & Match

A 다음 그림에 맞게 색으로 된 알맞은 단어와 우리말 뜻을 연결하세요.

문장 듣기

1  · · I want pie. [아이 원트 파이] · · 아이스크림

2  · · I want ice cream. [아이 원트 아이스 크림] · · 파이

3  · · I want candy. [아이 원트 캔디] · · 초콜릿

4  · · I want dessert. [아이 원트 디저r트] · · 디저트

5  · · I want chocolate. [아이 원트 촤아클럿] · · 사탕

배운 단어로 문장을 이해해요!

> want는 '원하다'라는 뜻을 나타내요.

> '나는 ~(디저트 종류)을 원해.'라고 원하는 디저트를 말할 때는 I want 뒤에 디저트를 나타내는 단어를 붙여 표현해요. (I want candy. 나는 사탕을 원해.)

> 디저트는 일정한 형태가 없는 물질로 셀 수 없으므로 단어 앞에 a[an]를 쓰지 않아요.

B 다음 우리말에 맞게 알맞은 단어를 골라 문장을 완성하세요.

1 나는 초콜릿을 원해. | chocolate | dessert

→ I want _____.

2 나는 사탕을 원해. | pie | candy

→ I want _____.

3 나는 디저트를 원해. | ice cream | dessert

→ I want _____.

C 다음 우리말에 맞게 카드를 배열한 후, 완성된 문장을 큰 소리로 읽으세요.

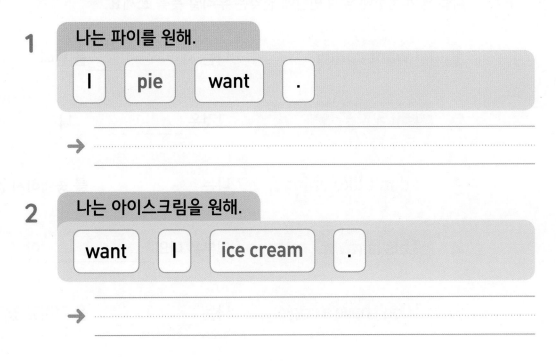

1 나는 파이를 원해.

| I | pie | want | . |

→ _____

2 나는 아이스크림을 원해.

| want | I | ice cream | . |

→ _____

Review | 11-15 |

A 다음 우리말 뜻에 알맞은 단어를 찾아 동그라미 한 후, 빈칸에 쓰세요.

shorseocarrottbrothermsglueuco
ecownadadnescissorsxpfamilybe

1 말 _____	2 당근 _____
3 오빠 _____	4 풀 _____
5 소 _____	6 아빠 _____
7 가위 _____	8 가족 _____

B 다음 영어 문장에 맞게 빈칸에 알맞은 우리말 뜻을 쓰세요.

1 I want candy.   나는 _____을 원해.

2 Is it a pig?   그것은 _____니?

3 I don't like onions.   나는 _____를 좋아하지 않아.

4 This is my mom.   이분은 나의 _____야.

5 I don't have a crayon.   나는 _____을 가지고 있지 않아.

Let's Play

C 다음 그림에 맞게 알맞은 단어로 빈칸을 채워 퍼즐을 완성하세요.

16 That is a car.

단어를 배워요

A
다음 그림 카드를 보면서 단어와 우리말 뜻을 함께 듣고 따라 말하세요.

단어 듣기

car	bus
자동차	버스

train	ship	airplane
기차	배	비행기

B 다음 단어를 읽고 빠진 철자를 채운 후, 단어와 우리말 뜻을 쓰세요.

car [카아r] → ☐ar

car

뜻 ☐

bus [버ㅆ] → b☐s

bus

뜻 ☐

train [트레인] → tr☐in

train

뜻 ☐

ship [쉽] → ☐☐ip

ship

뜻 ☐

airplane [에어r플레인] → ☐☐rp☐ane

airplane

뜻 ☐

A 다음 그림에 맞게 색으로 된 알맞은 단어와 우리말 뜻을 연결하세요.

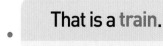

문장 듣기

1  ·　· **That is a train.**
[댙 이즈 어 트레인]　·　· 버스

2  ·　· **That is a bus.**
[댙 이즈 어 버ㅆ]　·　· 자동차

3  ·　· **That is a car.**
[댙 이즈 어 카아r]　·　· 기차

4  ·　· **That is a ship.**
[댙 이즈 어 쉽]　·　· 비행기

5  ·　· **That is an airplane.**
[댙 이즈 언 에어r플레인]　·　· 배

배운 단어로 문장을 이해해요!

› that은 '저것'이라는 뜻으로 멀리 있는 것을 가리킬 때 써요.

› '저것은 ~(교통수단)이야.'라고 멀리 있는 교통수단을 가리켜 말할 때는 That is a[an] 뒤에 교통수단을 나타내는 단어를 붙여 표현해요. (That is a car. 저것은 자동차야.)

› airplane은 모음 a로 시작하므로 단어 앞에 an을 써요.

B 다음 우리말에 맞게 알맞은 단어를 골라 문장을 완성하세요.

1 저것은 기차야. airplane | train

→ That is a _____ .

2 저것은 자동차야. ship | car

→ That is a _____ .

3 저것은 버스야. bus | airplane

→ That is a _____ .

C 다음 우리말에 맞게 카드를 배열한 후, 완성된 문장을 큰 소리로 읽으세요.

1 저것은 배야.

that | is | ship | a | .

→ _____

2 저것은 비행기야.

airplane | is | an | that | .

→ _____

17 Look at the sun.

단어를 배워요

A 다음 그림 카드를 보면서 단어와 우리말 뜻을 함께 듣고 따라 말하세요.

단어 듣기

sun
해

moon
달

cloud
구름

star
별

sky
하늘

B 다음 단어를 읽고 빠진 철자를 채운 후, 단어와 우리말 뜻을 쓰세요.

sun [썬] → ☐un

sun

뜻

moon [무운] → m☐☐n

moon

뜻

cloud [클라우드] → cl☐☐d

cloud

뜻

star [스타r] → s☐ar

star

뜻

sky [스카이] → sk☐

sky

뜻

Choose & Circle

A 다음 색으로 된 단어에 알맞은 우리말 뜻을 골라 동그라미 하세요.

문장 듣기

1 **Look at the cloud.**
[룩 앹 더 클라우드]

구름
해

2 **Look at the star.**
[룩 앹 더 스타r]

달
별

3 **Look at the sun.**
[룩 앹 더 썬]

해
별

4 **Look at the moon.**
[룩 앹 더 무운]

하늘
달

5 **Look at the sky.**
[룩 앹 더 스카이]

하늘
구름

배운 단어로 문장을 이해해요!

> look at은 '~을 보다'라는 뜻을 나타내요.

> the는 '저'라는 뜻으로 구체적인 대상을 가리키는 단어 앞에 써요.

> '저 ~(자연)을 봐.'라고 말할 때는 명령문 형태인 Look at the 뒤에 자연을 나타내는 단어를 붙여 표현해요.
(Look at the sun. 저 해를 봐.)

B 다음 그림과 우리말에 맞게 알맞은 단어를 골라 문장을 완성하세요.

star	moon	sky	cloud	sun

1 저 하늘을 봐.

→ Look at the _____ .

2 저 구름을 봐.

→ Look at the _____ .

3 저 별을 봐.

→ Look at the _____ .

C 다음 우리말에 맞게 카드를 배열한 후, 완성된 문장을 큰 소리로 읽으세요.

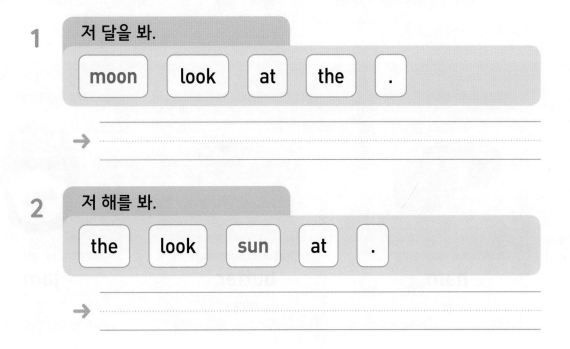

1 저 달을 봐.

| moon | look | at | the | . |

→ _____

2 저 해를 봐.

| the | look | sun | at | . |

→ _____

18

We buy cheese.

단어를 배워요

A 다음 그림 카드를 보면서 단어와 우리말 뜻을 함께 듣고 따라 말하세요.

단어 듣기

cheese
치즈

bread
빵

ham
햄

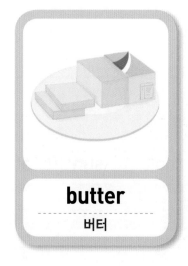

butter
버터

jam
잼

Speak & Write

B

다음 단어를 읽고 빠진 철자를 채운 후, 단어와 우리말 뜻을 쓰세요.

cheese [취이즈] → ☐☐eese

cheese

뜻

bread [브레드] → br☐☐d

bread

뜻

ham [햄] → ☐am

ham

뜻

butter [버러r] → bu☐☐er

butter

뜻

jam [잼] → ☐am

jam

뜻

Choose & Circle

A 다음 색으로 된 단어에 알맞은 우리말 뜻을 골라 동그라미 하세요.

문장 듣기

1 **We buy butter.**
[위 바이 버러r]
················ 우리는 버터 / 치즈 를 사.

2 **We buy ham.**
[위 바이 햄]
················ 우리는 잼 / 햄 을 사.

3 **We buy bread.**
[위 바이 브레드]
················ 우리는 빵 / 버터 을[를] 사.

4 **We buy cheese.**
[위 바이 취이즈]
················ 우리는 햄 / 치즈 을[를] 사.

5 **We buy jam.**
[위 바이 잼]
················ 우리는 빵 / 잼 을 사.

배운 단어로 문장을 이해해요!

> buy는 '사다'라는 뜻을 나타내요.
> we는 '우리'라는 뜻으로 '나(I)를 포함한 두 명 이상의 사람들'을 가리킬 때 써요.
> '우리는 ~(식료품)을 사.'라고 말할 때는 We buy 뒤에 식료품을 나타내는 단어를 붙여 표현해요.
> (We buy cheese. 우리는 치즈를 사.)
> 식료품은 일정한 형태가 없는 물질로 셀 수 없으므로 단어 앞에 a[an]를 쓰지 않아요.

B 다음 그림에 맞게 알맞은 단어를 골라 문장을 완성하세요.

ham	bread	cheese	butter	jam

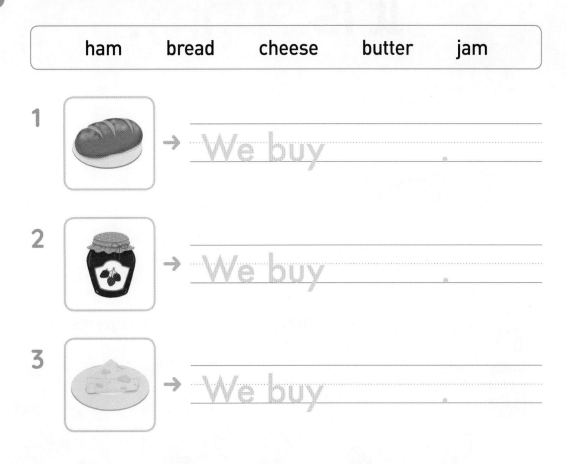

1 → We buy   .

2 → We buy   .

3 → We buy   .

C 다음 우리말에 맞게 카드를 배열한 후, 완성된 문장을 큰 소리로 읽으세요.

1 우리는 버터를 사.

| butter | we | buy | . |

→

2 우리는 햄을 사.

| buy | ham | we | . |

→

19 It is sunny.

단어를 배워요

Listen & Speak

A 다음 그림 카드를 보면서 단어와 우리말 뜻을 함께 듣고 따라 말하세요.

단어 듣기

sunny
화창한

rainy
비가 오는

snowy
눈이 오는

cloudy
흐린, 구름이 낀

windy
바람이 부는

foggy
안개가 낀

B 다음 단어를 읽고 빠진 철자를 채운 후, 단어와 우리말 뜻을 쓰세요.

sunny [써니] → su◻◻y

sunny _____ 뜻 ◻

rainy [레이니] → ◻ain◻

rainy _____ 뜻 ◻

snowy [스노우이] → sn◻◻y

snowy _____ 뜻 ◻

cloudy [클라우디] → cl◻◻dy

cloudy _____ 뜻 ◻

windy [윈디] → ◻◻ndy

windy _____ 뜻 ◻

foggy [포오기] → fo◻◻y

foggy _____ 뜻 ◻

Choose & Circle

A 다음 색으로 된 단어에 알맞은 우리말 뜻을 골라 동그라미 하세요.

문장 듣기

1 It is sunny.
[잍 이즈 써니]

흐린
화창한

2 It is foggy.
[잍 이즈 포오기]

안개가 낀
눈이 오는

3 It is windy.
[잍 이즈 윈디]

화창한
바람이 부는

4 It is cloudy.
[잍 이즈 클라우디]

비가 오는
흐린

5 It is snowy.
[잍 이즈 스노우이]

안개가 낀
눈이 오는

6 It is rainy.
[잍 이즈 레이니]

비가 오는
바람이 부는

배운 단어로 문장을 이해해요!

> 날씨를 말할 때는 It is 뒤에 날씨를 나타내는 단어를 붙여 '(날씨가) ~해.'라고 해요. (It is sunny. 화창해.)

> it은 아무런 의미가 없는 단어이므로 '그것'이라고 해석하지 않아요.

> 이 표현은 날씨를 물어보는 How is the weather?(날씨가 어때?)에 대한 대답으로 쓰여요.

Choose & Write

B 다음 그림과 우리말에 맞게 알맞은 단어를 골라 문장을 완성하세요.

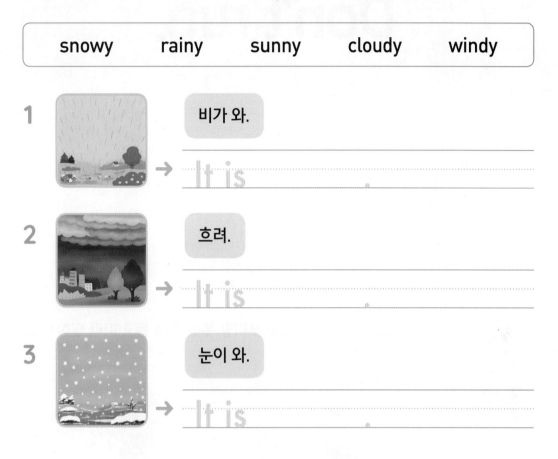

| snowy | rainy | sunny | cloudy | windy |

1 비가 와.

→ It is _____.

2 흐려.

→ It is _____.

3 눈이 와.

→ It is _____.

Write & Speak

C 다음 우리말에 맞게 카드를 배열한 후, 완성된 문장을 큰 소리로 읽으세요.

1 안개가 끼어있어.

| is | it | foggy | . |

→ _____

2 바람이 불어.

| windy | is | it | . |

→ _____

20 Don't run.

단어를 배워요

Listen & Speak

A 다음 그림 카드를 보면서 단어와 우리말 뜻을 함께 듣고 따라 말하세요.

단어 듣기

run

달리다, 뛰다

talk

말하다

touch

만지다

drink

마시다

enter

들어오다

B 다음 단어를 읽고 빠진 철자를 채운 후, 단어와 우리말 뜻을 쓰세요.

run [런] → r◻n

run

뜻 ◻

→ l은 발음되지 않아요.

talk [토오ㅋ] → t◻◻k

talk

뜻 ◻

touch [터취] → t◻◻ch

touch

뜻 ◻

drink [드링ㅋ] → d◻i◻k

drink

뜻 ◻

enter [엔터r] → ◻nt◻r

enter

뜻 ◻

문장으로 확인해요

Don't run.
뛰지 마.

Look & Match

A 다음 그림에 맞게 색으로 된 알맞은 단어와 우리말 뜻을 연결하세요.

문장 듣기

1 ● ● **Don't talk.**
[도운ㅌ 토오ㅋ] ● ● 달리다, 뛰다

2 ● ● **Don't run.**
[도운ㅌ 런] ● ● 말하다

3 ● ● **Don't enter.**
[도운ㅌ 엔터r] ● ● 만지다

4 ● ● **Don't drink.**
[도운ㅌ 드링ㅋ] ● ● 들어오다

5 ● ● **Don't touch.**
[도운ㅌ 터춰] ● ● 마시다

배운 단어로 문장을 이해해요!

> don't는 do not의 줄임말이에요.

> 상대방에게 어떤 일을 하지 말라고 말할 때는 Don't 뒤에 동작을 나타내는 단어를 붙여 '~(동작을) 하지 마.'
  라고 해요. (Don't run. 뛰지 마.)

B

Choose & Write

다음 우리말에 맞게 알맞은 단어를 골라 문장을 완성하세요.

| talk | enter | touch | run | drink |

1 들어오지 마.

→ Don't _____ .

2 만지지 마.

→ Don't _____ .

3 마시지 마.

→ Don't _____ .

C

Write & Speak

다음 우리말에 맞게 알맞은 카드를 골라 배열한 후, 완성된 문장을 큰 소리로 읽으세요.

1 말하지 마.

talk   don't   touch   .

→ _____

2 뛰지 마.

enter   run   don't   .

→ _____

Review | 16 - 20 |

A 다음 단어에 알맞은 우리말 뜻을 찾아 쓰세요.

기차 ⌐ 달 ⌐ 빵 ⌐ 들어오다

비가 오는 ⌐ 만지다 ⌐ 비행기 ⌐ 별

1	touch	_____	2	bread	_____
3	train	_____	4	star	_____
5	airplane	_____	6	enter	_____
7	moon	_____	8	rainy	_____

B 다음 우리말에 맞게 빈칸에 철자를 바르게 배열하여 문장을 완성하세요.

1 뛰지 마.   Don't _____. (urn)

2 저것은 자동차야.   That is a _____. (rac)

3 저 해를 봐.   Look at the _____. (uns)

4 우리는 치즈를 사.   We buy _____. (hecese)

5 화창해.   It is _____. (unsny)

Let's Play

C

다음 우리말 뜻에 알맞은 단어를 찾아 동그라미 한 후, 빈칸에 쓰세요.

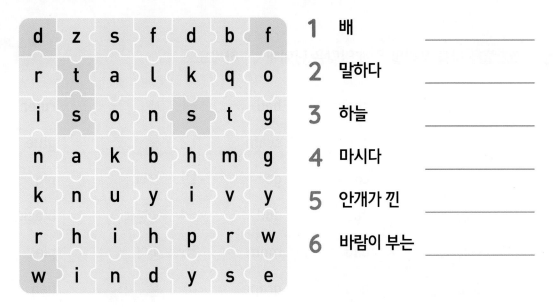

d	z	s	f	d	b	f
r	t	a	l	k	q	o
i	s	o	n	s	t	g
n	a	k	b	h	m	g
k	n	u	y	i	v	y
r	h	i	h	p	r	w
w	i	n	d	y	s	e

1 배 _____

2 말하다 _____

3 하늘 _____

4 마시다 _____

5 안개가 낀 _____

6 바람이 부는 _____

Let's Play

D

다음 사다리를 타면서 그림과 단어가 일치하면 ○표, 일치하지 <u>않으면</u> X표 하세요.

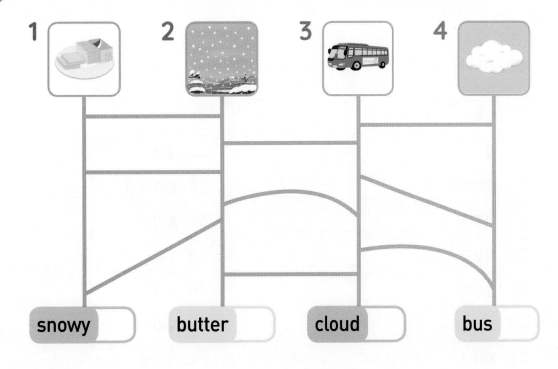

1 **2** **3** **4**

snowy   butter   cloud   bus

Self-check! 자신이 외운 16~20의 단어 개수   ☐ 1~9개   ☐ 10~19개   ☐ 20~26개

실력 Test

A

Step 1 다음 우리말 뜻에 알맞은 단어에 ✔ 하세요.

01	의자	☐ chair	☐ bed	11	펜	☐ ruler	☐ pen
02	수영하다	☐ ski	☐ swim	12	풀	☐ glue	☐ eraser
03	가다	☐ come	☐ go	13	오리	☐ pig	☐ duck
04	인형	☐ ball	☐ doll	14	파란색	☐ black	☐ blue
05	아빠	☐ dad	☐ mom	15	파이	☐ pie	☐ candy
06	포도	☐ pear	☐ grape	16	물고기	☐ fish	☐ bird
07	기차	☐ train	☐ car	17	비가 오는	☐ cloudy	☐ rainy
08	입	☐ mouth	☐ nose	18	감자	☐ potato	☐ corn
09	(길이가) 긴	☐ big	☐ long	19	잼	☐ ham	☐ jam
10	하늘	☐ sky	☐ star	20	만지다	☐ run	☐ touch

Step 2 다음 우리말 뜻에 알맞은 단어를 쓰세요.

21	필통	_____	31	침대	_____
22	말	_____	32	공책	_____
23	들어오다	_____	33	안개가 낀	_____
24	여동생	_____	34	토마토	_____
25	비행기	_____	35	오다	_____
26	검은색	_____	36	공	_____
27	코	_____	37	구름	_____
28	바나나	_____	38	노란색	_____
29	토끼	_____	39	교과서	_____
30	아이스크림	_____	40	(크기가) 작은	_____

B

Step 1 다음 단어에 알맞은 우리말 뜻에 ✔ 하세요.

01 **ruler** ☐ 자 ☐ 지우개   11 **moon** ☐ 해 ☐ 달

02 **cow** ☐ 말 ☐ 소   12 **green** ☐ 초록색 ☐ 빨간색

03 **bat** ☐ 방망이 ☐ 책   13 **brother** ☐ 누나 ☐ 형

04 **carrot** ☐ 양파 ☐ 당근   14 **snowy** ☐ 눈이 오는 ☐ 화창한

05 **table** ☐ 소파 ☐ 식탁   15 **stand** ☐ 서다 ☐ 앉다

06 **ham** ☐ 햄 ☐ 잼   16 **talk** ☐ 달리다 ☐ 말하다

07 **face** ☐ 귀 ☐ 얼굴   17 **bird** ☐ 새 ☐ 토끼

08 **cat** ☐ 고양이 ☐ 개   18 **orange** ☐ 사과 ☐ 오렌지

09 **ship** ☐ 자동차 ☐ 배   19 **butter** ☐ 버터 ☐ 빵

10 **dessert** ☐ 사탕 ☐ 디저트   20 **cloudy** ☐ 바람이 부는 ☐ 흐린

Step 2 다음 단어에 알맞은 우리말 뜻을 쓰세요.

21 ear _____   31 eraser _____

22 star _____   32 skate _____

23 famliy _____   33 chicken _____

24 drink _____   34 stop _____

25 sofa _____   35 robot _____

26 corn _____   36 chocolate _____

27 bread _____   37 pear _____

28 ski _____   38 bus _____

29 cook _____   39 short _____

30 windy _____   40 scissors _____

실력 Test

C

Step 1 다음 우리말에 맞게 빈칸에 알맞은 단어를 쓰세요.

맞은 개수   / 20

01	이것은 내 눈이야.	This is my _____.
02	그것은 (크기가) 커.	It is _____.
03	나는 노래할 수 있어.	I can _____.
04	앉아.	_____ down.
05	나는 연필을 가지고 있어.	I have a _____.
06	나는 양파를 좋아하지 않아.	I don't like _____s.
07	화창해.	It is _____.
08	뛰지 마.	Don't _____.
09	그것은 책상이야.	It is a _____.
10	너는 개를 가지고 있니?	Do you have a _____?

Step 2 다음 영어 문장에 맞게 빈칸에 알맞은 우리말 뜻을 쓰세요.

11	It is red.	그것은 _____이야.
12	We buy cheese.	우리는 _____를 사.
13	This is my mom.	이분은 나의 _____야.
14	That is a car.	저것은 _____야.
15	Look at the sun.	저 _____를 봐.
16	I like apples.	나는 _____를 좋아해.
17	It is my book.	그것은 내 _____이야.
18	I want candy.	나는 _____을 원해.
19	Is it a pig?	그것은 _____니?
20	I don't have a crayon.	나는 _____을 가지고 있지 않아.

완자

공부력

정답

초등 영어 **영단어 3A**

정답
QR 코드

완자 공부력 가이드

완자 공부력 시리즈는
앞으로도 계속 출간될 예정입니다.

국어
맞춤법
바로 쓰기
1~2학년용
4책

쓰기력

전과목
어휘
1~6학년용
12책

전과목
한자
어휘
1~6학년용
12책

영어
파닉스
1~2학년용
2책

영어
영단어
3~6학년용
8책

어휘력

국어
독해
1~6학년용
12책

한국사
독해
인물편
3~6학년용
4책

한국사
독해
시대편
3~6학년용
4책

독해력

수학
계산
1~6학년용
12책

계산력

완자 공부력 시리즈로 공부 근육을 키워요!

매일 성장하는
초등 자기개발서
ⓦ 완자

공부력

학습의 기초가 되는 읽기, 쓰기, 셈하기와 관련된
공부력을 키워야 여러 교과를 터득하기 쉬워집니다.
또한 어휘력과 독해력, 쓰기력, 계산력을 바탕으로 한
'공부력'은 자기주도 학습으로 상당한 단계까지 올라갈 수
있는 밑바탕이 되어 줍니다. 그래서 매일 꾸준한 학습이
가능한 '**완자 공부력 시리즈**'로 공부하면 자기주도 학습이
가능한 튼튼한 공부 근육을 키울 수 있을 것이라 확신합니다.

효과적인 공부력 강화 계획을 세워요!

학년별 공부 계획

내 학년에 맞게 꾸준하게 공부 계획을 세워요!

		1-2학년	3-4학년	5-6학년
기본	독해	국어 독해 1A 1B 2A 2B	국어 독해 3A 3B 4A 4B	국어 독해 5A 5B 6A 6B
	계산	수학 계산 1A 1B 2A 2B	수학 계산 3A 3B 4A 4B	수학 계산 5A 5B 6A 6B
	어휘	전과목 어휘 1A 1B 2A 2B	전과목 어휘 3A 3B 4A 4B	전과목 어휘 5A 5B 6A 6B
		파닉스 1 2	영단어 3A 3B 4A 4B	영단어 5A 5B 6A 6B
확장	어휘	전과목 한자 어휘 1A 1B 2A 2B	전과목 한자 어휘 3A 3B 4A 4B	전과목 한자 어휘 5A 5B 6A 6B
	쓰기	맞춤법 바로 쓰기 1A 1B 2A 2B		
	독해		한국사 독해 인물편 1 2 3 4	
			한국사 독해 시대편 1 2 3 4	

◎ 시기별 공부 계획

학기 중에는 **기본**, 방학 중에는 **기본 + 확장**으로 공부 계획을 세워요!

방학 중			
학기 중			
기본			**확장**
독해	계산	어휘	어휘, 쓰기, 독해
국어 독해	수학 계산	전과목 어휘	전과목 한자 어휘
		파닉스(1~2학년) 영단어(3~6학년)	맞춤법 바로 쓰기(1~2학년) 한국사 독해(3~6학년)

예시 초1 학기 중 공부 계획표 주 5일 하루 3과목 (45분)

월	화	수	목	금
국어 독해	국어 독해	국어 독해	국어 독해	국어 독해
수학 계산	수학 계산	수학 계산	수학 계산	수학 계산
전과목 어휘	파닉스	전과목 어휘	전과목 어휘	파닉스

예시 초4 방학 중 공부 계획표 주 5일 하루 4과목 (60분)

월	화	수	목	금
국어 독해	국어 독해	국어 독해	국어 독해	국어 독해
수학 계산	수학 계산	수학 계산	수학 계산	수학 계산
전과목 어휘	영단어	전과목 어휘	전과목 어휘	영단어
한국사 독해 인물편	전과목 한자 어휘	한국사 독해 인물편	전과목 한자 어휘	한국사 독해 인물편

초등 필수 영단어 권별 목록

01	It is a desk.	• desk 책상 • chair 의자 • sofa 소파 • bed 침대 • table 식탁
02	Go.	• go 가다 • come 오다 • stop 멈추다 • sit 앉다 • stand 서다
03	This is my eye.	• eye 눈 • ear 귀 • nose 코 • mouth 입 • face 얼굴
04	I have a pencil.	• pencil 연필 • ruler 자 • pen 펜 • textbook 교과서 • eraser 지우개 • have 가지다
05	It is red.	• red 빨간색 • blue 파란색 • green 초록색 • yellow 노란색 • black 검은색
06	I like apples.	• apple 사과 • banana 바나나 • orange 오렌지 • grape 포도 • pear 배 • like 좋아하다
07	Do you have a dog?	• dog 개 • cat 고양이 • bird 새 • rabbit 토끼 • fish 물고기
08	It is my book.	• book 책 • doll 인형 • robot 로봇 • ball 공 • bat 방망이
09	I can sing.	• sing 노래하다 • swim 수영하다 • cook 요리하다 • skate 스케이트를 타다 • ski 스키를 타다
10	It is big.	• big (크기가) 큰 • small (크기가) 작은 • long (길이가) 긴 • short (길이가) 짧은
11	I don't like onions.	• onion 양파 • carrot 당근 • potato 감자 • tomato 토마토 • corn 옥수수
12	Is it a pig?	• pig 돼지 • cow 소 • horse 말 • chicken 닭 • duck 오리
13	This is my mom.	• mom 엄마 • dad 아빠 • sister 여자 형제(언니, 누나, 여동생) • brother 남자 형제(형, 오빠, 남동생) • family 가족
14	I don't have a crayon.	• crayon 크레용 • notebook 공책 • pencil case 필통 • glue 풀 • scissors 가위
15	I want candy.	• candy 사탕 • ice cream 아이스크림 • pie 파이 • chocolate 초콜릿 • dessert 디저트 • want 원하다
16	That is a car.	• car 자동차 • bus 버스 • train 기차 • ship 배 • airplane 비행기
17	Look at the sun.	• sun 해 • moon 달 • cloud 구름 • star 별 • sky 하늘 • look 보다
18	We buy cheese.	• cheese 치즈 • bread 빵 • ham 햄 • butter 버터 • jam 잼 • buy 사다
19	It is sunny.	• sunny 화창한 • rainy 비가 오는 • snowy 눈이 오는 • cloudy 흐린, 구름이 낀 • windy 바람이 부는 • foggy 안개가 낀
20	Don't run.	• run 달리다, 뛰다 • talk 말하다 • touch 만지다 • drink 마시다 • enter 들어오다

3B

단어 수: 101개

01	This is a bag.	• bag 가방 • camera 카메라 • clock 시계 • album 앨범 • umbrella 우산
02	It's a pink ball.	• pink 분홍색 • white 흰색 • brown 갈색 • gray 회색 • purple 보라색
03	How many monkeys?	• monkey 원숭이 • tiger 호랑이 • lion 사자 • bear 곰 • panda 판다
04	I have one book.	• one 1, 하나 • two 2, 둘 • three 3, 셋 • four 4, 넷 • five 5, 다섯
05	I am six years old.	• six 6, 여섯 • seven 7, 일곱 • eight 8, 여덟 • nine 9, 아홉 • ten 10, 열
06	Touch your hand.	• hand 손 • neck 목 • arm 팔 • leg 다리 • foot 발
07	Do you like lemons?	• lemon 레몬 • melon 멜론 • kiwi 키위 • peach 복숭아 • strawberry 딸기
08	I can't dance.	• dance 춤추다 • jump 점프하다 • dive 다이빙하다 • fly 날다 • drive 운전하다
09	I drink milk.	• milk 우유 • juice 주스 • water 물 • soda 탄산음료 • tea 차
10	She is tall.	• tall (키가) 큰 • short (키가) 작은 • old 나이가 많은 • young 어린 • pretty 예쁜 • ugly 못생긴
11	Is this your cap?	• cap 모자 • skirt 치마 • dress 원피스, 드레스 • shirt 셔츠 • coat 코트
12	Let's play together.	• play 놀다 • walk 걷다 • clean 청소하다 • work 일하다 • eat 먹다 • together 함께
13	Look at the flower.	• flower 꽃 • tree 나무 • leaf 나뭇잎 • plant 식물 • rainbow 무지개
14	We eat pizza.	• pizza 피자 • salad 샐러드 • rice 밥, 쌀 • steak 스테이크 • spaghetti 스파게티
15	I'm happy.	• happy 행복한 • sad 슬픈 • angry 화난 • hungry 배고픈 • sleepy 졸리운
16	It's warm.	• warm 따뜻한 • hot 더운 • cool 시원한 • cold 추운
17	He is a doctor.	• doctor 의사 • nurse 간호사 • cook 요리사 • farmer 농부 • pilot 조종사
18	Good morning.	• morning 아침 • noon 정오 • afternoon 오후 • evening 저녁 • night 밤 • good 좋은
19	Open the door, please.	• door 문 • window 창문 • open 열다 • close 닫다 • push 밀다 • pull 당기다
20	There is a mouse.	• mouse 쥐 • snake 뱀 • turtle 거북이 • frog 개구리 • iguana 이구아나

초등 필수 영단어 절대 평가

01	I love my mother.	• mother 어머니 • father 아버지 • grandmother 할머니 • grandfather 할아버지 • parents 부모 • love 사랑하다
02	This is my head.	• head 머리 • tooth 이 • shoulder 어깨 • finger 손가락 • toe 발가락
03	Here is a brush.	• brush 붓 • watch 손목시계 • basket 바구니 • paper 종이 • tape (접착용) 테이프
04	Is she a dentist?	• dentist 치과 의사 • singer 가수 • dancer 댄서, 무용가 • baker 제빵사 • driver 운전사
05	It's time for breakfast.	• breakfast 아침 식사 • school 학교 • lunch 점심 식사 • dinner 저녁 식사 • bed 취침 (시간) • time 시간
06	Let's play soccer.	• soccer 축구 • baseball 야구 • basketball 농구 • tennis 테니스 • badminton 배드민턴 • play 경기를 하다
07	Are you busy?	• busy 바쁜 • full 배부른 • sick 아픈 • tired 피곤한 • thirsty 목마른
08	Do you like chicken?	• chicken 닭고기 • fish 생선, 물고기 • pork 돼지고기 • beef 소고기 • meat 고기 • like 좋아하다
09	He is eleven years old.	• eleven 11, 열하나 • twelve 12, 열둘 • thirteen 13, 열셋 • fourteen 14, 열넷 • fifteen 15, 열다섯
10	There are sixteen pencils.	• sixteen 16, 열여섯 • seventeen 17, 열일곱 • eighteen 18, 열여덟 • nineteen 19, 열아홉 • twenty 20, 스물 • pencil 연필
11	It's my cake.	• cake 케이크 • candle 초 • present 선물 • birthday 생일 • party 파티
12	Do you know the boy?	• boy 소년 • girl 소녀 • man 남자 • woman 여자 • gentleman 신사 • lady 숙녀 • know 알다
13	Look at the giraffe.	• giraffe 기린 • wolf 늑대 • elephant 코끼리 • fox 여우 • zebra 얼룩말 • look 보다
14	He is handsome.	• handsome 잘생긴 • beautiful 아름다운 • fat 뚱뚱한 • thin 마른 • cute 귀여운
15	I am listening.	• listen 듣다 • read 읽다 • draw (연필로) 그리다 • paint (물감으로) 그리다 • cut 자르다
16	Put on your hat.	• hat (테가 있는) 모자 • scarf 스카프, 목도리 • jacket 재킷, (셔츠 위에 입는) 상의 • pants 바지 • shoes 신발 • put on ~을 입다 • take off ~을 벗다
17	I'm going to the zoo.	• zoo 동물원 • park 공원 • bank 은행 • hospital 병원 • market 시장 • go 가다
18	Do you want some soup?	• soup 수프 • curry 카레 • hamburger 햄버거 • egg 달걀 • cookie 쿠키 • want 원하다 • some 약간의
19	I can get there by bicycle.	• bicycle 자전거 • subway 지하철 • taxi 택시 • boat 보트, (작은) 배 • helicopter 헬리콥터
20	I want a bottle of water.	• bottle 병, 통 • bowl 그릇, 사발 • cup 컵, 잔 • glass (유리)잔 • water 물 • rice 밥, 쌀 • tea 차 • milk 우유

01	What is your name?	• name 이름 • hobby 취미 • dream 꿈 • address 주소 • number 번호, 숫자 • phone number 전화번호
02	There is a picture.	• picture 그림, 사진 • mirror 거울 • fan 선풍기 • lamp 램프, 등 • vase 꽃병
03	It's a roof.	• roof 지붕 • wall 벽 • floor 바닥 • room 방 • house 집
04	This is a blackboard.	• blackboard 칠판 • locker 사물함 • student 학생 • teacher 선생님 • classroom 교실
05	He is my uncle.	• uncle (외)삼촌, 이모부, 고모부 • aunt 이모, 고모, (외)숙모 • cousin 사촌 • son 아들 • daughter 딸
06	Where is the library?	• library 도서관 • church 교회 • bakery 제과점 • post office 우체국 • police station 경찰서
07	It's on the desk.	• on ~ 위에 • under ~ 아래에 • in ~ 안에 • next to ~ 옆에 • desk 책상 • bag 가방
08	I don't like ants.	• ant 개미 • bee 벌 • spider 거미 • butterfly 나비 • bug 벌레, 작은 곤충
09	He is a scientist.	• scientist 과학자 • writer 작가 • actor 배우 • designer 디자이너 • model 모델
10	Can you play the piano?	• piano 피아노 • guitar 기타 • violin 바이올린 • flute 플루트 • cello 첼로 • play (악기를) 연주하다
11	How much are the socks?	• socks 양말 • jeans 청바지 • shorts 반바지 • gloves 장갑 • mittens 벙어리장갑
12	She is sleeping.	• sleep (잠을) 자다 • study 공부하다 • cry 울다 • smile 웃다, 미소 짓다 • write 쓰다
13	The wall is high.	• high 높은 • low 낮은 • old 오래된 • new 새로운
14	It's one thirty.	• thirty 30, 서른 • forty 40, 마흔 • fifty 50, 쉰 • twenty-five 25, 스물다섯 • o'clock ~시 (정각)
15	It's sixty dollars.	• sixty 60, 예순 • seventy 70, 일흔 • eighty 80, 여든 • ninety 90, 아흔 • hundred 100, 백 • thousand 1000, 천 • dollar 달러
16	She has a baby.	• baby 아기 • child 아이, 어린이 • friend 친구 • husband 남편 • wife 아내 • have ~이 있다
17	I enjoy camping.	• camping 캠핑 • hiking 하이킹 • jogging 조깅 • swimming 수영 • fishing 낚시 • enjoy 즐기다
18	It takes three minutes.	• minute 분 • hour 시간 • day 일, 하루 • week 주, 일주일 • month 달, 월, 개월 • year 해, 년(年) • take (시간이) 걸리다
19	It's Monday.	• Monday 월요일 • Tuesday 화요일 • Wednesday 수요일 • Thursday 목요일 • Friday 금요일 • Saturday 토요일 • Sunday 일요일
20	I can't find my key.	• key 열쇠 • wallet 지갑 • drone 드론, 무인 항공기 • glasses 안경 • cell phone 휴대전화 • find 찾다, 발견하다

01	Whose kite is this?	• kite 연　• jump rope 줄넘기 줄　• purse 지갑　• balloon 풍선　• backpack 배낭
02	Can you kick the ball?	• kick (발로) 차다　• hit (공을) 치다　• throw 던지다　• catch 잡다 • pass 건네주다, 패스하다
03	I am in the bedroom.	• bedroom 침실　• living room 거실　• bathroom 화장실, 욕실　• kitchen 부엌 • dining room 식당
04	There is a stove in the kitchen.	• stove 가스레인지　• sink 싱크대, 개수대　• oven 오븐　• pan 팬, 프라이팬 • pot 냄비
05	Where is the hotel?	• hotel 호텔　• museum 박물관　• bookstore 서점　• theater 극장, 영화관 • department store 백화점
06	It's beside my house.	• beside ~ 옆에　• in front of ~ 앞에　• behind ~ 뒤에　• across from ~ 맞은편에 • between ~ 사이에
07	My shoes are clean.	• clean 깨끗한　• dirty 더러운　• dry 마른　• wet 젖은　• cheap (값이) 싼 • expensive (값이) 비싼
08	Which way is east?	• east 동쪽　• west 서쪽　• south 남쪽　• north 북쪽
09	I am from Korea.	• Korea 한국　• China 중국　• Japan 일본　• the U.S.A. 미국　• Canada 캐나다
10	This is a Korean flag.	• Korean 한국의, 한국어　• Chinese 중국의, 중국어　• Japanese 일본의, 일본어 • American 미국의　• Canadian 캐나다의　• flag 깃발
11	My favorite subject is English.	• English 영어　• math 수학　• science 과학　• subject 과목 • favorite 가장 좋아하는
12	Mary is a smart girl.	• smart 똑똑한　• kind 친절한　• shy 수줍음이 많은　• honest 정직한 • brave 용감한
13	I want to be a chef.	• chef 요리사, 주방장　• painter 화가　• firefighter 소방관 • police officer 경찰관　• vet 수의사
14	It smells good.	• smell 냄새가 나다　• sound 들리다　• taste 맛이 나다　• feel 느끼다　• look 보이다
15	Do you like hippos?	• hippo 하마　• parrot 앵무새　• kangaroo 캥거루　• penguin 펭귄 • cheetah 치타　• animal 동물
16	The building is very big.	• building 건물, 빌딩　• tower 탑, 타워　• bridge 다리　• palace 궁, 궁전 • street 거리, 길
17	Can you turn on the computer?	• computer 컴퓨터　• television 텔레비전　• radio 라디오　• light 전등, 불빛 • smartphone 스마트폰　• turn on (전자기기 등을) 켜다 • turn off (전자기기 등을) 끄다
18	Let's go bowling.	• bowling 볼링　• surfing 서핑, 파도타기　• in-line skating 인라인 스케이트 타기 • cycling 사이클링, 자전거 타기　• snowboarding 스노보드 타기
19	This pumpkin is fresh.	• pumpkin 호박　• cucumber 오이　• cabbage 양배추　• garlic 마늘 • vegetable 채소　• fresh 신선한
20	I want to make a kite.	• make 만들다　• grow 키우다, 재배하다　• learn 배우다　• win 이기다 • collect 수집하다, 모으다　• game 게임　• sticker 스티커

5B 단어 수: 105개

01	Do you like art class?	• art 미술, 예술 • music 음악 • P.E. 체육 • history 역사 • social studies 사회 • class 수업, 반
02	I will call Sam tonight.	• call 전화하다 • meet 만나다 • visit 방문하다 • help 돕다, 도와주다 • join 함께하다 • tonight 오늘밤
03	I'm going to travel to France.	• France 프랑스 • Germany 독일 • Spain 스페인 • Italy 이탈리아 • the U.K. 영국 • travel 여행하다
04	Can you speak French?	• French 프랑스어, 프랑스의 • German 독일어, 독일의 • Spanish 스페인어, 스페인의 • Italian 이탈리아어, 이탈리아의 • speak 말하다
05	How was your trip?	• trip 여행 • vacation 방학 • holiday 휴일, 명절 • concert 공연, 연주회 • movie 영화
06	A dish is on the table.	• dish 접시 • fork 포크 • knife 칼 • spoon 숟가락 • chopsticks 젓가락
07	Is the man strong?	• strong 강한, 힘센 • weak 약한 • fast 빠른 • slow 느린 • rich 부유한 • poor 가난한
08	He is wearing a ring.	• ring 반지 • necklace 목걸이 • earring 귀걸이 • belt 허리띠, 벨트 • wear 착용하다
09	There is a king in the castle.	• king 왕, 국왕 • queen 여왕, 왕비 • prince 왕자 • princess 공주 • castle 성, 궁궐
10	Add some salt.	• salt 소금 • pepper 후추 • sugar 설탕 • oil 기름, 식용유 • sauce 소스, 양념 • add 더하다, 첨가하다
11	I have homework.	• homework 숙제 • question 질문 • test 시험 • quiz 퀴즈, 간단한 시험 • presentation 발표
12	May I borrow your pencil?	• borrow 빌리다 • use 사용하다 • try on (한번) 입어보다 • ask 묻다, 질문하다 • answer 대답하다
13	Eggs are good for your brain.	• brain 뇌, 두뇌 • heart 심장 • bone 뼈 • skin 피부 • body 몸, 신체
14	Be careful!	• careful 조심스러운, 주의 깊은 • quiet 조용한 • patient 참을성〔인내심〕이 있는 • ready 준비된 • polite 공손한, 예의 바른
15	We can see a hill there.	• hill 언덕 • mountain 산 • field 들판 • desert 사막 • forest 숲
16	We went to the lake.	• lake 호수 • river 강 • sea 바다 • beach 해변, 바닷가 • island 섬 • ocean 바다, 대양
17	Many people live in the town.	• town 소도시, 읍 • city 도시 • country 나라, 국가 • world 세계, 세상 • people 사람들 • live 살다, 생활하다
18	She was excited.	• excited 흥분한, 신이 난 • worried 걱정하는 • surprised 놀란 • scared 두려워하는 • shocked 충격을 받은
19	My dream is to be a musician.	• musician 뮤지션, 음악가 • comedian 코미디언, 희극배우 • announcer 아나운서, 해설자 • photographer 사진사 • movie director 영화감독
20	I'm fixing the bike now.	• fix 고치다, 수선하다 • wash 씻다, 세탁하다 • carry 운반하다, 나르다 • move 옮기다 • bake (빵을) 굽다

6A

단어 수: 108개

01	I like spring the most.	• spring 봄 • summer 여름 • fall 가을 • winter 겨울 • season 계절
02	Is this mango delicious?	• mango 망고 • pineapple 파인애플 • watermelon 수박 • plum 자두 • fruit 과일 • delicious 맛있는
03	I'd like pasta, please.	• pasta 파스타 • noodles 국수 • sandwich 샌드위치 • French fries 감자튀김 • fried rice 볶음밥 • order 주문하다
04	My friend Roy is so healthy.	• healthy 건강한 • calm 차분한 • popular 인기 있는 • lucky 운이 좋은 • funny 재미있는
05	He lives in Mexico.	• Mexico 멕시코 • India 인도 • Vietnam 베트남 • Egypt 이집트 • Australia 호주
06	Are you Mexican?	• Mexican 멕시코인(의) • Indian 인도인(의) • Vietnamese 베트남인(의) • Egyptian 이집트인(의) • Australian 호주인(의)
07	My elbow hurts.	• elbow 팔꿈치 • back 등 • knee 무릎 • ankle 발목 • hurt 아프다
08	Its shape is a circle.	• circle 원, 동그라미 • square 정사각형 • triangle 삼각형 • rectangle 직사각형 • oval 타원 • shape 모양
09	I'm in the sixth grade.	• first 첫 번째의 • second 두 번째의 • third 세 번째의 • fourth 네 번째의 • fifth 다섯 번째의 • sixth 여섯 번째의 • grade 학년
10	It's on the seventh floor.	• seventh 일곱 번째의 • eighth 여덟 번째의 • ninth 아홉 번째의 • tenth 열 번째의 • hundredth 백 번째의 • floor 층
11	How can I get to the gym?	• gym 체육관 • restaurant 음식점, 식당 • supermarket 슈퍼마켓 • airport 공항 • city hall 시청
12	Go straight.	• straight 곧장, 직진하여 • right 오른쪽으로 • left 왼쪽으로 • turn 돌다, 회전하다 • block 블록, 구역
13	Do you believe him?	• believe 믿다 • hate 싫어하다 • miss 그리워하다 • understand 이해하다 • remember 기억하다
14	I love your boots.	• boots 부츠 • sneakers 운동화 • blouse 블라우스 • sweater 스웨터 • vest 조끼 • clothes 의류
15	I go swimming on weekdays.	• weekday 평일 • weekend 주말 • today 오늘 • yesterday 어제 • tomorrow 내일
16	That's easy.	• easy 쉬운 • difficult 어려운 • right 맞은, 옳은 • wrong 틀린, 잘못된 • great 대단한, 훌륭한 • important 중요한
17	My birthday is in January.	• January 1월 • February 2월 • March 3월 • April 4월 • May 5월 • June 6월
18	My dad's birthday is in July.	• July 7월 • August 8월 • September 9월 • October 10월 • November 11월 • December 12월
19	How often do you watch TV?	• watch 보다 • exercise 운동하다 • feed 먹이를 주다 • ride 타다 • practice 연습하다
20	I always watch TV.	• always 항상, 언제나 • usually 보통 • often 종종, 자주 • sometimes 이따금 • never 거의 ~않는

초등 필수 영단어 권별 목록

6B
단어 수: 105개

01	**My dad is a soldier.**	• soldier 군인 • astronaut 우주비행사 • lawyer 변호사 • engineer 기사, 기술자 • businessman 사업가
02	**I'm writing a letter.**	• letter 편지 • e-mail 전자우편 • story 이야기 • report 보고서 • diary 일기장, 일기
03	**When is the school festival?**	• school festival 학교 축제 • field trip 현장 학습 • New Year's Day 설날, 새해 첫 날 • Children's Day 어린이날 • Christmas 성탄절
04	**The school festival is April eleventh.**	• eleventh 열한 번째 • twelfth 열두 번째 • thirteenth 열세 번째 • twentieth 스무 번째 • twenty-first 스물한 번째
05	**You should wear a helmet.**	• helmet 안전모, 헬멧 • seat belt 안전벨트 • life jacket 구명조끼 • sunglasses 선글라스 • mask 마스크
06	**You have a headache.**	• headache 두통 • stomachache 복통 • toothache 치통 • runny nose 콧물 • fever 열
07	**He has curly hair.**	• curly 곱슬곱슬한 • straight 곧은, 곧게 뻗은 • blond 금발의 • wavy 물결모양의 • thick 숱이 많은 • hair 머리카락, (동물의) 털
08	**How heavy!**	• heavy 무거운 • deep 깊은 • soft 부드러운 • nice 좋은, 즐거운 • dark 어두운 • wonderful 훌륭한, 멋진
09	**Mars is bigger than Mercury.**	• Mercury 수성 • Venus 금성 • Earth 지구 • Mars 화성 • Jupiter 목성 • Saturn 토성 • space 우주
10	**Is there a towel in the bathroom?**	• towel 수건 • toothbrush 칫솔 • toothpaste 치약 • soap 비누 • shampoo 샴푸
11	**Korea is in Asia.**	• America 아메리카 • Europe 유럽 • Asia 아시아 • Africa 아프리카 • Oceania 오세아니아
12	**I think it is interesting.**	• interesting 재미있는 • boring 지루한 • dangerous 위험한 • safe 안전한 • different 다른 • think 생각하다
13	**We need a new refrigerator.**	• refrigerator 냉장고 • vacuum cleaner 진공청소기 • washing machine 세탁기 • microwave 전자레인지
14	**We'll stay here.**	• stay 머무르다 • leave 떠나다 • wait 기다리다 • return 돌아오다, 돌아가다 • arrive 도착하다
15	**Give me a towel.**	• give 주다 • show 보여주다 • teach 가르쳐주다 • tell 말해주다
16	**The woman is a friendly vet.**	• friendly 다정한 • clever 재치 있는, 영리한 • famous 유명한 • diligent 부지런한 • lazy 게으른
17	**I enjoy eating sweet food.**	• sweet 단, 달콤한 • salty 짠, 짭짤한 • spicy 매운, 매콤한 • sour 신, 시큼한 • bitter 쓴, 씁쓸한
18	**Sharks live in the sea.**	• shark 상어 • octopus 문어 • whale 고래 • starfish 불가사리 • dolphin 돌고래
19	**Don't forget to lock the door.**	• forget 잊다 • lock 잠그다 • send 보내다 • bring 가져오다 • take 가져가다 • finish 끝마치다
20	**We should recycle bottles.**	• recycle 재활용하다 • save 절약하다 • energy 에너지 • reuse 재사용하다 • pick up 줍다 • trash 쓰레기

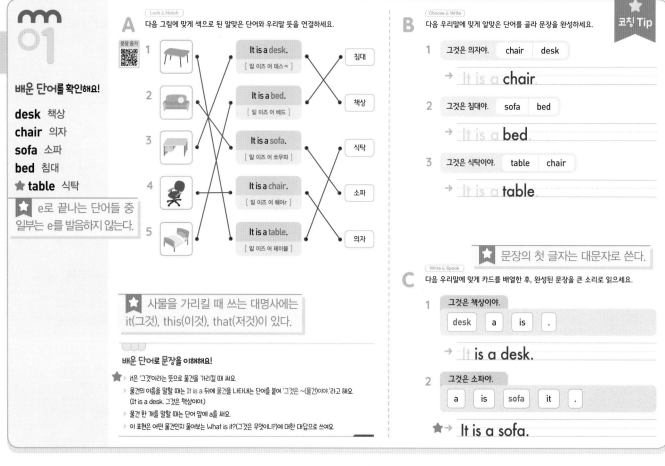

01

배운 단어를 확인해요!

desk 책상
chair 의자
sofa 소파
bed 침대
★ **table** 식탁

★ e로 끝나는 단어들 중 일부는 e를 발음하지 않는다.

A Look & Match
다음 그림에 맞게 색으로 된 알맞은 단어와 우리말 뜻을 연결하세요.

1 It is a desk. [일 이즈 어 데스크]
2 It is a bed. [일 이즈 어 베드]
3 It is a sofa. [일 이즈 어 쏘우파]
4 It is a chair. [일 이즈 어 췌어r]
5 It is a table. [일 이즈 어 테이블]

침대
책상
식탁
소파
의자

★ 사물을 가리킬 때 쓰는 대명사에는 it(그것), this(이것), that(저것)이 있다.

배운 단어로 문장을 이해해요!

★ it은 '그것'이라는 뜻으로 물건을 가리킬 때 써요.
▸ 물건의 이름을 말할 때는 It is 뒤에 물건을 나타내는 단어를 붙여 '그것은 ~(물건)이야.'라고 해요. (It is a desk. 그것은 책상이야.)
▸ 물건 한 개를 말할 때는 단어 앞에 a를 써요.
▸ 이 표현은 어떤 물건인지 물어보는 What is it?(그것은 무엇이니?)에 대한 대답으로 쓰여요.

B Choose & Write
다음 우리말에 맞게 알맞은 단어를 골라 문장을 완성하세요.

코칭 Tip

1 그것은 의자야. chair desk
→ It is a **chair**

2 그것은 침대야. sofa bed
→ It is a **bed**

3 그것은 식탁이야. table chair
→ It is a **table**

★ 문장의 첫 글자는 대문자로 쓴다.

C Write & Speak
다음 우리말에 맞게 카드를 배열한 후, 완성된 문장을 큰 소리로 읽으세요.

1 그것은 책상이야.
desk | a | is | .
→ It is a desk.

2 그것은 소파야.
a | is | sofa | it | .
★→ It is a sofa.

02

배운 단어를 확인해요!

go 가다
come 오다
stop 멈추다
sit 앉다
stand 서다

A Choose & Circle
다음 색으로 된 단어에 알맞은 우리말 뜻을 골라 동그라미 하세요.

1 Go. [고우] 가다 / 오다
2 Sit down. [씨트 다운] 서다 / 앉다
3 Stand up. [스탠드 엎] 멈추다 / 서다
4 Come here. [컴 히어r] 앉다 / 오다
5 Stop. [스타앞] 멈추다 / 가다

★ 명령문은 상대방(You)에게 말하는 것으로 주어인 You를 생략하고 동작을 나타내는 단어는 동사원형으로 쓴다. (You go. 너는 간다. → Go. 가.)
*동사원형: 일반동사의 원래 형태를 말함.

배운 단어로 문장을 이해해요!

★ 상대방에게 '~해라.'라고 지시할 때는 (명령문의 형태로 주어 You를 생략하고) 동작을 나타내는 단어를 문장 맨 앞에 써요. (Go. 가.)
▸ come은 방향을 나타내는 단어 here(이리, 여기로)를 붙여 Come here.(이리[여기로] 와.)라고 표현해요.
▸ sit과 stand도 위치를 나타내는 단어 down(아래로)과 up(위로)을 붙여 Sit down.((아래로) 앉아.) / Stand up.((위로) 일어서.)라고 표현해요.

B Choose & Write
다음 그림과 우리말에 맞게 알맞은 단어를 골라 문장을 완성하세요.

stop   come   sit   go   stand

★1 멈춰. → Stop
2 가. → Go
3 이리 와. → Come here.

★ 상대방에게 지시하는 문장으로 첫 글자는 대문자로 쓴다.

C Write & Speak
다음 우리말에 맞게 알맞은 카드를 골라 배열한 후, 완성된 문장을 큰 소리로 읽으세요.

1 일어서.
up | stand | down | .
→ Stand up.

2 앉아.
down | up | sit | .
→ Sit down.

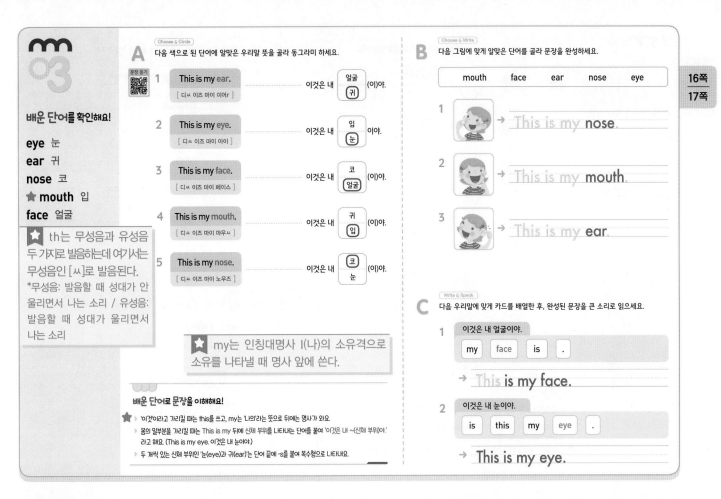

03

배운 단어를 확인해요!

eye 눈
ear 귀
nose 코
⭐ mouth 입
face 얼굴

⭐ th는 무성음과 유성음 두 가지로 발음하는데 여기서는 무성음인 [ㅆ]로 발음된다.
*무성음: 발음할 때 성대가 안 울리면서 나는 소리 / 유성음: 발음할 때 성대가 울리면서 나는 소리

A _{Choose & Circle}
다음 색으로 된 단어에 알맞은 우리말 뜻을 골라 동그라미 하세요.

문장 듣기

1 This is my ear.
[디쓰 이즈 마이 이어r]
이것은 내 ⬚ 얼굴 / 귀 (이)야.

2 This is my eye.
[디쓰 이즈 마이 아이]
이것은 내 ⬚ 입 / 눈 이야.

3 This is my face.
[디쓰 이즈 마이 페이스]
이것은 내 ⬚ 코 / 얼굴 (이)야.

4 This is my mouth.
[디쓰 이즈 마이 마우쓰]
이것은 내 ⬚ 귀 / 입 (이)야.

5 This is my nose.
[디쓰 이즈 마이 노우즈]
이것은 내 ⬚ 코 / 눈 (이)야.

⭐ my는 인칭대명사 I(나)의 소유격으로 소유를 나타낼 때 명사 앞에 쓴다.

배운 단어로 문장을 이해해요!

⭐ '이것'이라고 가리킬 때는 this를 쓰고, my는 '나의'라는 뜻으로 뒤에는 명사가 와요.
▸ 몸의 일부분을 가리킬 때는 This is my 뒤에 신체 부위를 나타내는 단어를 붙여 '이것은 내 ~(신체 부위)야.'라고 해요. (This is my eye. 이것은 내 눈이야.)
▸ 두 개씩 있는 신체 부위인 '눈(eye)과 귀(ear)'는 단어 끝에 -s를 붙여 복수형으로 나타내요.

B _{Choose & Write}
다음 그림에 맞게 알맞은 단어를 골라 문장을 완성하세요.

| mouth | face | ear | nose | eye |

1 → This is my **nose**.

2 → This is my **mouth**.

3 → This is my **ear**.

C _{Write & Speak}
다음 우리말에 맞게 카드를 배열한 후, 완성된 문장을 큰 소리로 읽으세요.

1 이것은 내 얼굴이야.
⬚ my ⬚ face ⬚ is ⬚ .
→ This is my face.

2 이것은 내 눈이야.
⬚ is ⬚ this ⬚ my ⬚ eye ⬚ .
→ This is my eye.

16쪽
17쪽

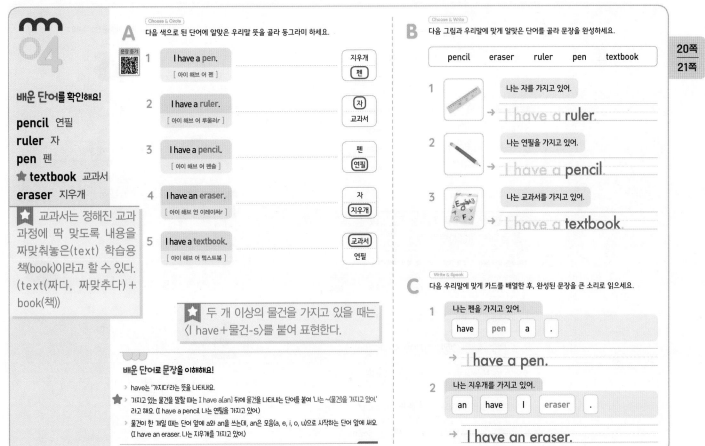

04

배운 단어를 확인해요!

pencil 연필
ruler 자
pen 펜
⭐ textbook 교과서
eraser 지우개

⭐ 교과서는 정해진 교과 과정에 딱 맞도록 내용을 짜맞춰놓은(text) 학습용 책(book)이라고 할 수 있다. (text(짜다, 짜맞추다) + book(책))

A _{Choose & Circle}
다음 색으로 된 단어에 알맞은 우리말 뜻을 골라 동그라미 하세요.

문장 듣기

1 I have a pen.
[아이 해브 어 펜]
⬚ 지우개 / 펜

2 I have a ruler.
[아이 해브 어 루울러r]
⬚ 자 / 교과서

3 I have a pencil.
[아이 해브 어 펜슬]
⬚ 펜 / 연필

4 I have an eraser.
[아이 해브 언 이레이써r]
⬚ 자 / 지우개

5 I have a textbook.
[아이 해브 어 텍스트북]
⬚ 교과서 / 연필

⭐ 두 개 이상의 물건을 가지고 있을 때는 〈I have+물건-s〉를 붙여 표현한다.

배운 단어로 문장을 이해해요!

▸ have는 '가지다'라는 뜻을 나타내요.
⭐ 가지고 있는 물건을 말할 때는 I have a(n) 뒤에 물건을 나타내는 단어를 붙여 '나는 ~(물건)을 가지고 있어.'라고 해요. (I have a pencil. 나는 연필을 가지고 있어.)
▸ 물건이 한 개일 때는 단어 앞에 a와 an을 쓰는데, an은 모음(a, e, i, o, u)으로 시작하는 단어 앞에 써요. (I have an eraser. 나는 지우개를 가지고 있어.)

B _{Choose & Write}
다음 그림과 우리말에 맞게 알맞은 단어를 골라 문장을 완성하세요.

| pencil | eraser | ruler | pen | textbook |

1 나는 자를 가지고 있어.
→ I have a **ruler**.

2 나는 연필을 가지고 있어.
→ I have a **pencil**.

3 나는 교과서를 가지고 있어.
→ I have a **textbook**.

C _{Write & Speak}
다음 우리말에 맞게 카드를 배열한 후, 완성된 문장을 큰 소리로 읽으세요.

1 나는 펜을 가지고 있어.
⬚ have ⬚ pen ⬚ a ⬚ .
→ I have a pen.

2 나는 지우개를 가지고 있어.
⬚ an ⬚ have ⬚ I ⬚ eraser ⬚ .
→ I have an eraser.

20쪽
21쪽

05

배운 단어를 확인해요!

red 빨간색
blue 파란색
green 초록색
yellow 노란색
★ black 검은색

☆ -ck로 끝나는 단어들 중 일부는 c를 따로 발음하지 않고 k[ㅋ]만 발음한다.

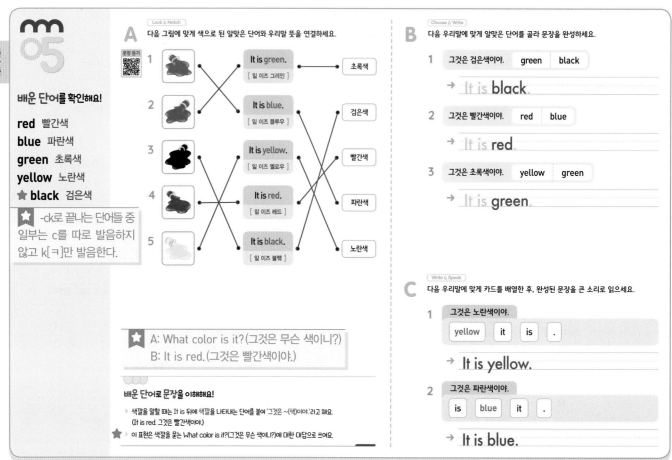

A Look & Match

다음 그림에 맞게 색으로 된 알맞은 단어와 우리말 뜻을 연결하세요.

1 · — · It is green. [일 이즈 그린] — · 초록색
2 · — · It is blue. [일 이즈 블루] — · 검은색
3 · — · It is yellow. [일 이즈 옐로우] — · 빨간색
4 · — · It is red. [일 이즈 레드] — · 파란색
5 · — · It is black. [일 이즈 블랙] — · 노란색

☆ A: What color is it?(그것은 무슨 색이니?)
   B: It is red.(그것은 빨간색이야.)

배운 단어로 문장을 이해해요!

» 색깔을 말할 때는 It is 뒤에 색깔을 나타내는 단어를 붙여 '그것은 ~(색)이야.'라고 해요. (It is red. 그것은 빨간색이야.)

★ 이 표현은 색깔을 묻는 What color is it?(그것은 무슨 색이니?)에 대한 대답으로 쓰여요.

B Choose & Write

다음 우리말에 맞게 알맞은 단어를 골라 문장을 완성하세요.

1 그것은 검은색이야. [green] [black]
→ It is black.

2 그것은 빨간색이야. [red] [blue]
→ It is red.

3 그것은 초록색이야. [yellow] [green]
→ It is green.

C Write & Speak

다음 우리말에 맞게 카드를 배열한 후, 완성된 문장을 큰 소리로 읽으세요.

1 그것은 노란색이야.
[yellow] [it] [is] [.]
→ It is yellow.

2 그것은 파란색이야.
[is] [blue] [it] [.]
→ It is blue.

Review
01 - 05

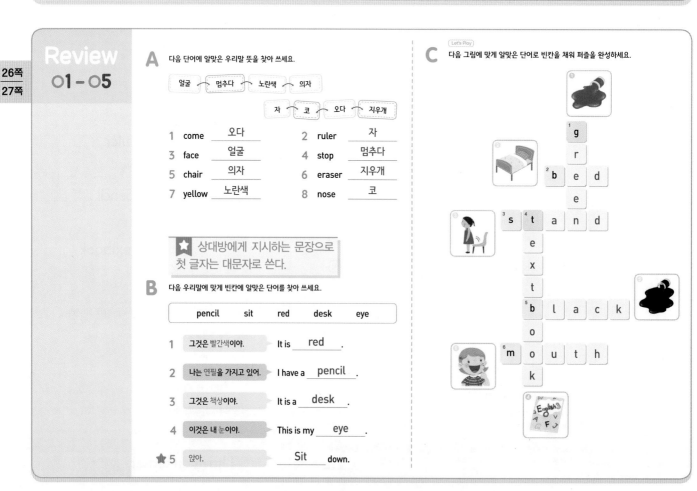

A 다음 단어에 알맞은 우리말 뜻을 찾아 쓰세요.

얼굴 → 멈추다 → 노란색 → 의자
자 ← 코 ← 오다 ← 지우개

1 come 오다   2 ruler 자
3 face 얼굴   4 stop 멈추다
5 chair 의자   6 eraser 지우개
7 yellow 노란색   8 nose 코

★ 상대방에게 지시하는 문장으로 첫 글자는 대문자로 쓴다.

B 다음 우리말에 맞게 빈칸에 알맞은 단어를 찾아 쓰세요.

pencil   sit   red   desk   eye

1 그것은 빨간색이야.   It is red .
2 나는 연필을 가지고 있어.   I have a pencil .
3 그것은 책상이야.   It is a desk .
4 이것은 내 눈이야.   This is my eye .
★ 5 앉아.   Sit down.

C Let's Play

다음 그림에 맞게 알맞은 단어로 빈칸을 채워 퍼즐을 완성하세요.

¹g
r
²b e d
e
s ⁴t a n d
e
x
t
⁵b l a c k
o
⁶m o u t h
k

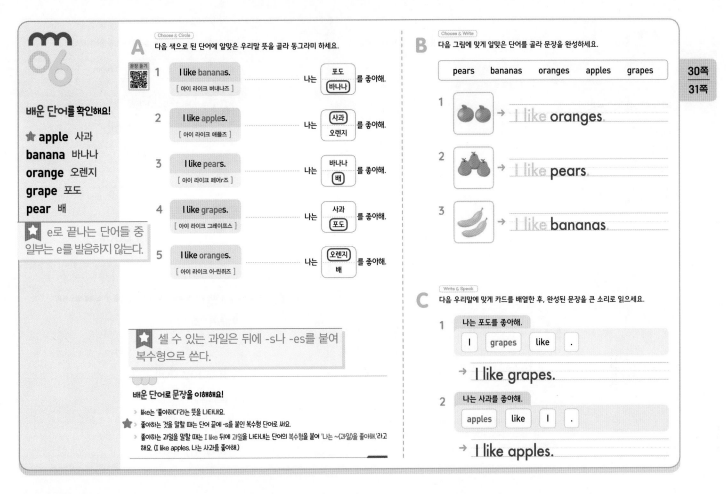

06

배운 단어를 확인해요!

⭐ **apple** 사과
banana 바나나
orange 오렌지
grape 포도
pear 배

⭐ e로 끝나는 단어들 중 일부는 e를 발음하지 않는다.

Ⓐ (Choose & Circle) 다음 색으로 된 단어에 알맞은 우리말 뜻을 골라 동그라미 하세요.

1 I like **banana**s. [아이 라이크 버내나즈] ……… 나는 〔포도 / **바나나**〕를 좋아해.

2 I like **apple**s. [아이 라이크 애플즈] 나는 〔**사과** / 오렌지〕를 좋아해.

3 I like **pear**s. [아이 라이크 페어즈] 나는 〔바나나 / **배**〕를 좋아해.

4 I like **grape**s. [아이 라이크 그레이프스] 나는 〔사과 / **포도**〕를 좋아해.

5 I like **orange**s. [아이 라이크 어린쥐즈] 나는 〔**오렌지** / 배〕를 좋아해.

⭐ 셀 수 있는 과일은 뒤에 -s나 -es를 붙여 복수형으로 쓴다.

배운 단어로 문장을 이해해요!

▸ like는 '좋아하다'라는 뜻을 나타내요.
⭐ 좋아하는 것을 말할 때는 단어 끝에 -s를 붙인 복수형 단어로 써요.
▸ 좋아하는 과일을 말할 때는 I like 뒤에 과일을 나타내는 단어의 복수형을 붙여 '나는 ~(과일)을 좋아해.'라고 해요. (I like apples. 나는 사과를 좋아해.)

Ⓑ (Choose & Write) 다음 그림에 맞게 알맞은 단어를 골라 문장을 완성하세요.

| pears | bananas | oranges | apples | grapes |

30쪽 31쪽

1 → I like oranges

2 → I like pears

3 → I like bananas

Ⓒ (Write & Speak) 다음 우리말에 맞게 카드를 배열한 후, 완성된 문장을 큰 소리로 읽으세요.

1 나는 포도를 좋아해.
〔 I 〕 〔 grapes 〕 〔 like 〕 〔 . 〕
→ I like grapes.

2 나는 사과를 좋아해.
〔 apples 〕 〔 like 〕 〔 I 〕 〔 . 〕
→ I like apples.

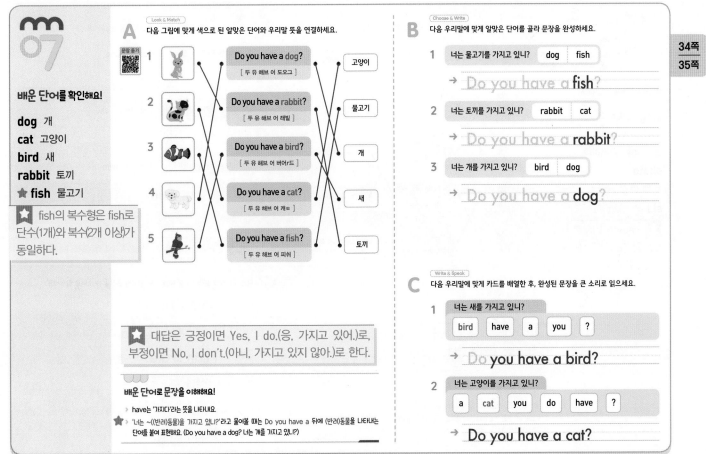

07

배운 단어를 확인해요!

dog 개
cat 고양이
bird 새
rabbit 토끼
⭐ **fish** 물고기

⭐ fish의 복수형은 fish로 단수(1개)와 복수(2개 이상)가 동일하다.

Ⓐ (Look & Match) 다음 그림에 맞게 색으로 된 알맞은 단어와 우리말 뜻을 연결하세요.

1 Do you have a **dog**? [두 유 해브 어 도그] — 고양이

2 Do you have a **rabbit**? [두 유 해브 어 래빗] — 물고기

3 Do you have a **bird**? [두 유 해브 어 버r드] — 개

4 Do you have a **cat**? [두 유 해브 어 캐트] — 새

5 Do you have a **fish**? [두 유 해브 어 피쉬] — 토끼

⭐ 대답은 긍정이면 Yes, I do.(응, 가지고 있어.)로, 부정이면 No, I don't.(아니, 가지고 있지 않아.)로 한다.

배운 단어로 문장을 이해해요!

▸ have는 '가지다'라는 뜻을 나타내요.
⭐ '너는 ~((반려)동물)을 가지고 있니?'라고 물어볼 때는 Do you have a 뒤에 (반려)동물을 나타내는 단어를 붙여 표현해요. (Do you have a dog? 너는 개를 가지고 있니?)

Ⓑ (Choose & Write) 다음 우리말에 맞게 알맞은 단어를 골라 문장을 완성하세요.

34쪽 35쪽

1 너는 물고기를 가지고 있니? 〔 dog / fish 〕
→ Do you have a fish?

2 너는 토끼를 가지고 있니? 〔 rabbit / cat 〕
→ Do you have a rabbit?

3 너는 개를 가지고 있니? 〔 bird / dog 〕
→ Do you have a dog?

Ⓒ (Write & Speak) 다음 우리말에 맞게 카드를 배열한 후, 완성된 문장을 큰 소리로 읽으세요.

1 너는 새를 가지고 있니?
〔 bird 〕 〔 have 〕 〔 a 〕 〔 you 〕 〔 ? 〕
→ Do you have a bird?

2 너는 고양이를 가지고 있니?
〔 a 〕 〔 cat 〕 〔 you 〕 〔 do 〕 〔 have 〕 〔 ? 〕
→ Do you have a cat?

08

38쪽
39쪽

배운 단어를 확인해요!

book 책
doll 인형
robot 로봇
ball 공
bat 방망이

A
〔Choose & Circle〕
다음 색으로 된 단어에 알맞은 우리말 뜻을 골라 동그라미 하세요.

1 It is my robot.
[일 이즈 마이 로오바아트]
공 / (로봇)

2 It is my doll.
[일 이즈 마이 다알]
방망이 / (인형)

3 It is my book.
[일 이즈 마이 북]
로봇 / (책)

4 It is my bat.
[일 이즈 마이 배트]
책 / (방망이)

5 It is my ball.
[일 이즈 마이 보올]
인형 / (공)

⭐ It is my ~.에서 It is는 It's로 줄여 쓸 수 있으며, my는 1인칭 단수(I)의 소유격으로 뒤에는 단수 명사만 올 수 있다. (It is my books.(×))

배운 단어로 문장을 이해해요!

› it은 '그것'이라는 뜻으로 사물을 가리킬 때 쓰며, my는 '나의'라는 뜻으로 뒤에는 명사가 와요.
⭐ '그것은 내 ~(물건)이야.'라고 물건을 가리키며 말할 때는 It is my 뒤에 물건을 나타내는 단어를 붙여 표현해요. (It is my book. 그것은 내 책이야.)

B
〔Choose & Write〕
다음 그림과 우리말에 맞게 알맞은 단어를 골라 문장을 완성하세요.

| doll | ball | book | robot | bat |

1 그것은 내 공이야.
→ It is my **ball**.

2 그것은 내 로봇이야.
→ It is my **robot**.

3 그것은 내 책이야.
→ It is my **book**.

C
〔Write & Speak〕
다음 우리말에 맞게 카드를 배열한 후, 완성된 문장을 큰 소리로 읽으세요.

1 그것은 내 인형이야.

| it | my | doll | is | . |

→ It is my doll.

2 그것은 내 방망이야.

| is | bat | my | it | . |

→ It is my bat.

09

42쪽
43쪽

배운 단어를 확인해요!

sing 노래하다
swim 수영하다
⭐ **cook** 요리하다
skate 스케이트를 타다
ski 스키를 타다

⭐ cook이 명사로 쓰이면 '요리사'라는 뜻을 나타낸다.

A
〔Look & Match〕
다음 그림에 맞게 색으로 된 알맞은 단어와 우리말 뜻을 연결하세요.

1 I can swim.
[아이 캔 스윔]

2 I can sing.
[아이 캔 씽]

3 I can cook.
[아이 캔 쿡]

4 I can ski.
[아이 캔 스키이]

5 I can skate.
[아이 캔 스케이트]

노래하다
수영하다
스키를 타다
요리하다
스케이트를 타다

⭐ can은 동사를 도와주는 역할을 하는 조동사로 뒤에는 동사원형을 쓴다.

배운 단어로 문장을 이해해요!

⭐ can은 '~할 수 있다'라는 뜻으로 능력을 나타낼 때 써요.
› 할 수 있는 일을 말할 때는 I can 뒤에 동작을 나타내는 단어를 붙여 '나는 ~할 수 있어.'라고 해요.
(I can sing. 나는 노래할 수 있어.)

B
〔Choose & Write〕
다음 우리말에 맞게 알맞은 단어를 골라 문장을 완성하세요.

1 나는 요리할 수 있어. cook / sing
→ I can **cook**

2 나는 스키를 탈 수 있어. skate / ski
→ I can **ski**

3 나는 수영할 수 있어. sing / swim
→ I can **swim**

⭐ 〈주어+can+동사원형.〉의 순서로 배열한다.

C
〔Write & Speak〕
다음 우리말에 맞게 카드를 배열한 후, 완성된 문장을 큰 소리로 읽으세요.

1 나는 스케이트를 탈 수 있어.

| can | I | skate | . |

⭐→ I can skate.

2 나는 노래할 수 있어.

| sing | can | I | . |

→ I can sing.

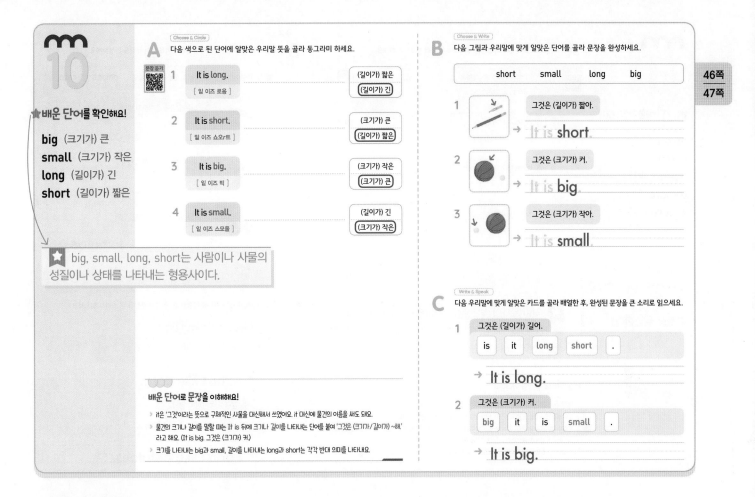

10

46쪽 47쪽

★배운 단어를 확인해요!

big (크기가) 큰
small (크기가) 작은
long (길이가) 긴
short (길이가) 짧은

☆ big, small, long, short는 사람이나 사물의 성질이나 상태를 나타내는 형용사이다.

A 다음 색으로 된 단어에 알맞은 우리말 뜻을 골라 동그라미 하세요.

1 It is long.
[일 이즈 로옹]
(길이가) 짧은 / **(길이가) 긴**

2 It is short.
[일 이즈 쇼우r트]
(크기가) 큰 / **(길이가) 짧은**

3 It is big.
[일 이즈 빅]
(크기가) 작은 / **(크기가) 큰**

4 It is small.
[일 이즈 스모을]
(길이가) 긴 / **(크기가) 작은**

배운 단어로 문장을 이해해요!
▶ it은 '그것'이라는 뜻으로 구체적인 사물을 대신해서 썼어요. it 대신에 물건의 이름을 써도 돼요.
▶ 물건의 크기나 길이를 말할 때는 It is 뒤에 크기나 길이를 나타내는 단어를 붙여 '그것은 (크기가/길이가) ~해.' 라고 해요. (It is big. 그것은 (크기가) 커.)
▶ 크기를 나타내는 big과 small, 길이를 나타내는 long과 short는 각각 반대 의미를 나타내요.

B 다음 그림과 우리말에 맞게 알맞은 단어를 골라 문장을 완성하세요.

short	small	long	big

1 그것은 (길이가) 짧아.
→ It is short.

2 그것은 (크기가) 커.
→ It is big.

3 그것은 (크기가) 작아.
→ It is small.

C 다음 우리말에 맞게 알맞은 카드를 골라 배열한 후, 완성된 문장을 큰 소리로 읽으세요.

1 그것은 (길이가) 길어.
is / it / long / short / .
→ It is long.

2 그것은 (크기가) 커.
big / it / is / small / .
→ It is big.

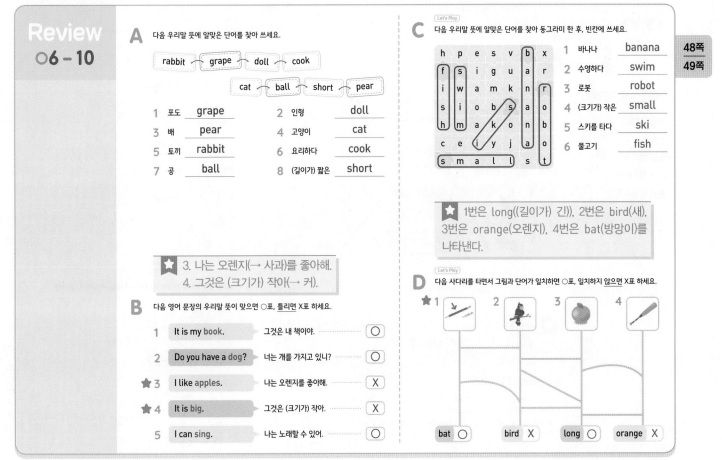

Review 06-10

48쪽 49쪽

A 다음 우리말 뜻에 알맞은 단어를 찾아 쓰세요.

rabbit → grape → doll → cook
cat → ball → short → pear

1 포도 grape
2 인형 doll
3 배 pear
4 고양이 cat
5 토끼 rabbit
6 요리하다 cook
7 공 ball
8 (길이가) 짧은 short

☆ 3. 나는 오렌지(→ 사과)를 좋아해.
4. 그것은 (크기가) 작아(→ 커).

B 다음 영어 문장의 우리말 뜻이 맞으면 O표, 틀리면 X표 하세요.

1 It is my book. — 그것은 내 책이야. ······ O
2 Do you have a dog? — 너는 개를 가지고 있니? ······ O
★3 I like apples. — 나는 오렌지를 좋아해. ······ X
★4 It is big. — 그것은 (크기가) 작아. ······ X
5 I can sing. — 나는 노래할 수 있어. ······ O

C 다음 우리말 뜻에 알맞은 단어를 찾아 동그라미 한 후, 빈칸에 쓰세요.

h	p	e	s	v	b	x
f	s	i	g	u	a	r
i	w	a	m	k	n	r
s	i	o	b	s	a	o
h	m	a	k	o	n	b
c	e	i	y	j	a	o
s	m	a	l	l	s	r

1 바나나 banana
2 수영하다 swim
3 로봇 robot
4 (크기가) 작은 small
5 스키를 타다 ski
6 물고기 fish

☆ 1번은 long((길이가) 긴), 2번은 bird(새), 3번은 orange(오렌지), 4번은 bat(방망이)를 나타낸다.

D 다음 사다리를 타면서 그림과 단어가 일치하면 O표, 일치하지 않으면 X표 하세요.

★1   2   3   4

bat O   bird X   long O   orange X

11

배운 단어를 확인해요!

onion 양파
carrot 당근
potato 감자
tomato 토마토
⭐ **corn** 옥수수

> ⭐ corn은 셀 수 없이 너무 많은 옥수수 알갱이로 되어 있어 하나씩 세는 것은 의미가 없다고 생각해서 셀 수 없는 명사로 취급한다.

A [Choose & Circle] 다음 색으로 된 단어에 알맞은 우리말 뜻을 골라 동그라미 하세요.

1. I don't like **onions**.
   [아이 도운트 라이크 어니언즈]
   → 양파 / 감자

2. I don't like **carrots**.
   [아이 도운트 라이크 캐럿츠]
   → 토마토 / 당근

3. I don't like **tomatoes**.
   [아이 도운트 라이크 터메이토우즈]
   → 양파 / 토마토

4. I don't like **potatoes**.
   [아이 도운트 라이크 퍼테이토우즈]
   → 감자 / 옥수수

5. I don't like **corn**.
   [아이 도운트 라이크 코온]
   → 옥수수 / 당근

> ⭐ 일반동사의 부정문은 〈주어＋조동사 do＋not＋동사원형.〉의 형태로 쓴다. 단, 주어가 He, She, It일 때는 do 대신에 does를 쓴다.

배운 단어로 문장을 이해해요!

> '좋아하지 않다'라고 말할 때는 like(좋아하다) 앞에 부정어 do not의 줄임말인 don't를 써요.
> 좋아하지 않는 것을 말할 때는 단어 끝에 -s나 -es를 붙인 복수형 단어로 써요.
> ⭐ '나는 ~(채소)을 좋아하지 않아.'라고 말할 때는 I don't like 뒤에 채소를 나타내는 단어의 복수형을 붙여 표현해요. (I don't like onions. 나는 양파를 좋아하지 않아.)
> corn은 셀 수 없으므로 복수형(corns)으로 쓰지 않아요.

B [Choose & Write] 다음 그림과 우리말에 맞게 알맞은 단어를 골라 문장을 완성하세요.

⭐tomatoes ⠀ carrots ⭐potatoes ⠀ onions ⠀ corn

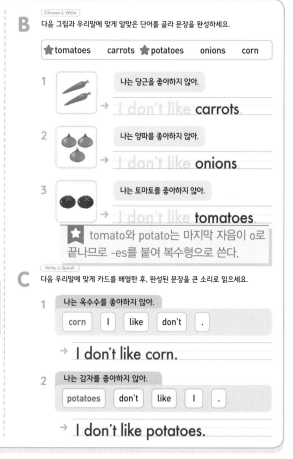

1. 나는 당근을 좋아하지 않아.
   → I don't like **carrots**

2. 나는 양파를 좋아하지 않아.
   → I don't like **onions**

3. 나는 토마토를 좋아하지 않아.
   → I don't like **tomatoes**

> ⭐ tomato와 potato는 마지막 자음이 o로 끝나므로 -es를 붙여 복수형으로 쓴다.

C [Write & Speak] 다음 우리말에 맞게 카드를 배열한 후, 완성된 문장을 큰 소리로 읽으세요.

1. 나는 옥수수를 좋아하지 않아.
   | corn | I | like | don't | . |
   → I don't like corn.

2. 나는 감자를 좋아하지 않아.
   | potatoes | don't | like | I | . |
   → I don't like potatoes.

12

배운 단어를 확인해요!

pig 돼지
cow 소
horse 말
chicken 닭
duck 오리

A [Look & Match] 다음 그림에 맞게 색으로 된 알맞은 단어와 우리말 뜻을 연결하세요.

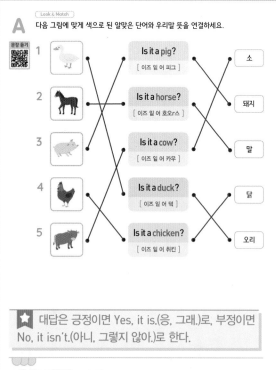

1. Is it a **pig**?
   [이즈 잇 어 피그]

2. Is it a **horse**?
   [이즈 잇 어 호오rㅅ]

3. Is it a **cow**?
   [이즈 잇 어 카우]

4. Is it a **duck**?
   [이즈 잇 어 덕]

5. Is it a **chicken**?
   [이즈 잇 어 취킨]

소 / 돼지 / 말 / 닭 / 오리

> ⭐ 대답은 긍정이면 Yes, it is.(응, 그래.)로, 부정이면 No, it isn't.(아니, 그렇지 않아.)로 한다.

배운 단어로 문장을 이해해요!

> ⭐ '그것은 ~(가축(동물))이니?'라고 가축(동물)이 맞는지 확인할 때는 Is it a 뒤에 가축(동물)을 나타내는 단어를 붙여 표현해요. (Is it a pig? 그것은 돼지니?)
> Is it a ~?는 It is a ~.(그것은 ~이야.)에서 It과 is의 순서를 바꿔 물어보는 문장으로 만든 거에요. (It is a pig. 그것은 돼지야. → Is it a pig? 그것은 돼지니?)

B [Choose & Write] 다음 우리말에 맞게 알맞은 단어를 골라 문장을 완성하세요.

1. 그것은 말이니? | cow | horse |
   → Is it a **horse**?

2. 그것은 닭이니? | chicken | pig |
   → Is it a **chicken**?

3. 그것은 소니? | duck | cow |
   → Is it a **cow**?

C [Write & Speak] 다음 우리말에 맞게 카드를 배열한 후, 완성된 문장을 큰 소리로 읽으세요.

1. 그것은 오리니?
   | is | it | duck | a | ? |
   → Is it a duck?

2. 그것은 돼지니?
   | pig | is | a | it | ? |
   → Is it a pig?

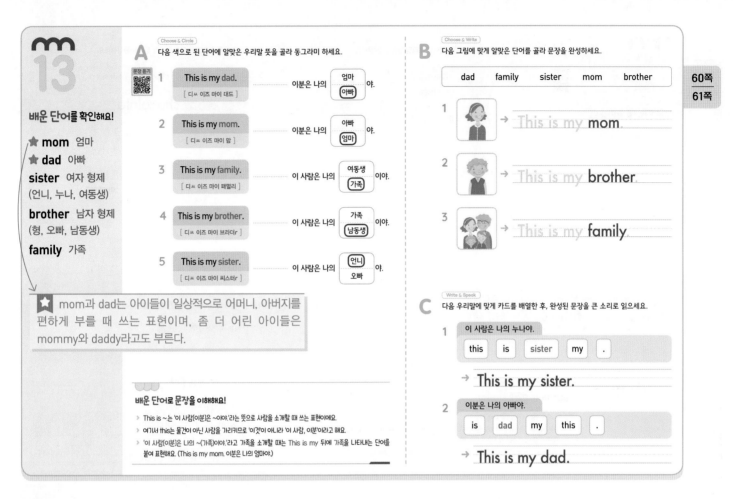

13

배운 단어를 확인해요!

★ **mom** 엄마

★ **dad** 아빠

sister 여자 형제
(언니, 누나, 여동생)

brother 남자 형제
(형, 오빠, 남동생)

family 가족

★ mom과 dad는 아이들이 일상적으로 어머니, 아버지를 편하게 부를 때 쓰는 표현이며, 좀 더 어린 아이들은 mommy와 daddy라고도 부른다.

A ⟨Choose & Circle⟩ 다음 색으로 된 단어에 알맞은 우리말 뜻을 골라 동그라미 하세요.

1 This is my dad.
[디쓰 이즈 마이 대드]
이분은 나의 엄마/**아빠** 야.

2 This is my mom.
[디쓰 이즈 마이 맘]
이분은 나의 아빠/**엄마** 야.

3 This is my family.
[디쓰 이즈 마이 패밀리]
이 사람은 나의 여동생/**가족** 이야.

4 This is my brother.
[디쓰 이즈 마이 브라더r]
이 사람은 나의 가족/**남동생** 이야.

5 This is my sister.
[디쓰 이즈 마이 씨스터r]
이 사람은 나의 **언니**/오빠 야.

배운 단어로 문장을 이해해요!

▷ This is ~는 '이 사람[이분]은 ~이야.'라는 뜻으로 사람을 소개할 때 쓰는 표현이에요.

▷ 여기서 this는 물건이 아닌 사람을 가리키므로 '이것'이 아니라 '이 사람, 이분'이라고 해요.

▷ '이 사람[이분]은 나의 ~(가족)이야.'라고 가족을 소개할 때는 This is my 뒤에 가족을 나타내는 단어를 붙여 표현해요. (This is my mom. 이분은 나의 엄마야.)

B ⟨Choose & Write⟩ 다음 그림에 맞게 알맞은 단어를 골라 문장을 완성하세요.

| dad | family | sister | mom | brother |

1 → This is my **mom**.

2 → This is my **brother**.

3 → This is my **family**.

C ⟨Write & Speak⟩ 다음 우리말에 맞게 카드를 배열한 후, 완성된 문장을 큰 소리로 읽으세요.

1 이 사람은 나의 누나야.

| this | is | sister | my | . |

→ This is my sister.

2 이분은 나의 아빠야.

| is | dad | my | this | . |

→ This is my dad.

60쪽 61쪽

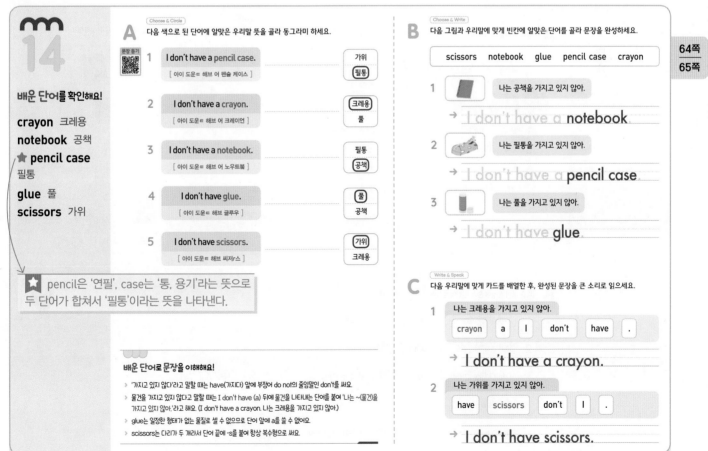

14

배운 단어를 확인해요!

crayon 크레용

notebook 공책

★ **pencil case**
필통

glue 풀

scissors 가위

★ pencil은 '연필', case는 '통, 용기'라는 뜻으로 두 단어가 합쳐서 '필통'이라는 뜻을 나타낸다.

A ⟨Choose & Circle⟩ 다음 색으로 된 단어에 알맞은 우리말 뜻을 골라 동그라미 하세요.

1 I don't have a pencil case.
[아이 도운트 해브 어 펜슬 케이스]
가위/**필통**

2 I don't have a crayon.
[아이 도운트 해브 어 크레이언]
크레용/풀

3 I don't have a notebook.
[아이 도운트 해브 어 노우트북]
필통/**공책**

4 I don't have glue.
[아이 도운트 해브 글루우]
풀/공책

5 I don't have scissors.
[아이 도운트 해브 씨저r스]
가위/크레용

배운 단어로 문장을 이해해요!

▷ '가지고 있지 않다'라고 말할 때는 have(가지다) 앞에 부정어 do not의 줄임말인 don't를 써요.

▷ 물건을 가지고 있지 않다고 말할 때는 I don't have (a) 뒤에 물건을 나타내는 단어를 붙여 '나는 ~(물건)을 가지고 있지 않아.'라고 해요. (I don't have a crayon. 나는 크레용을 가지고 있지 않아.)

▷ glue는 일정한 형태가 없는 물질로 셀 수 없으므로 단어 앞에 a를 쓸 수 없어요.

▷ scissors는 다리가 두 개라서 단어 끝에 -s를 붙여 항상 복수형으로 써요.

B ⟨Choose & Write⟩ 다음 그림과 우리말에 맞게 빈칸에 알맞은 단어를 골라 문장을 완성하세요.

| scissors | notebook | glue | pencil case | crayon |

1 나는 공책을 가지고 있지 않아.
→ I don't have a **notebook**

2 나는 필통을 가지고 있지 않아.
→ I don't have a **pencil case**.

3 나는 풀을 가지고 있지 않아.
→ I don't have **glue**

C ⟨Write & Speak⟩ 다음 우리말에 맞게 카드를 배열한 후, 완성된 문장을 큰 소리로 읽으세요.

1 나는 크레용을 가지고 있지 않아.

| crayon | a | I | don't | have | . |

→ I don't have a crayon.

2 나는 가위를 가지고 있지 않아.

| have | scissors | don't | I | . |

→ I don't have scissors.

64쪽 65쪽

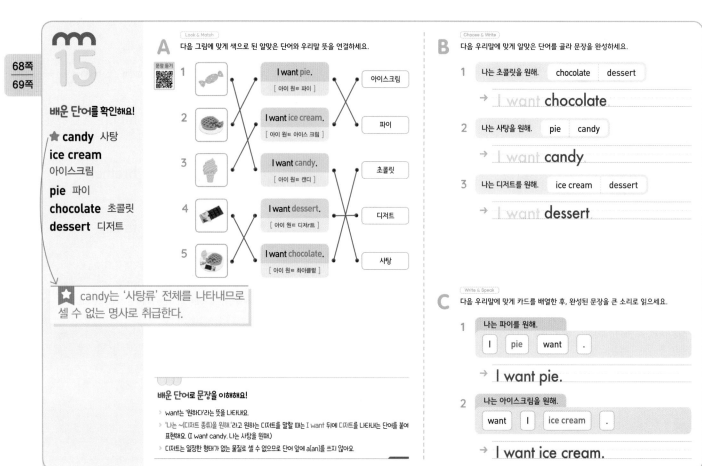

15

배운 단어를 확인해요!

★ candy 사탕
ice cream 아이스크림
pie 파이
chocolate 초콜릿
dessert 디저트

⭐ candy는 '사탕류' 전체를 나타내므로 셀 수 없는 명사로 취급한다.

A 다음 그림에 맞게 색으로 된 알맞은 단어와 우리말 뜻을 연결하세요.

1 I want pie. [아이 원트 파이] — 아이스크림
2 I want ice cream. [아이 원트 아이스 크림] — 파이
3 I want candy. [아이 원트 캔디] — 초콜릿
4 I want dessert. [아이 원트 디저트] — 디저트
5 I want chocolate. [아이 원트 촤아클릿] — 사탕

배운 단어로 문장을 이해해요!

› want는 '원하다'라는 뜻을 나타내요.
› '나는 ~(디저트 종류)을 원해.'라고 원하는 디저트를 말할 때는 I want 뒤에 디저트를 나타내는 단어를 붙여 표현해요. (I want candy. 나는 사탕을 원해.)
› 디저트는 일정한 형태가 없는 물질로 셀 수 없으므로 단어 앞에 a[an]를 쓰지 않아요.

B 다음 우리말에 맞게 알맞은 단어를 골라 문장을 완성하세요.

1 나는 초콜릿을 원해. [chocolate] [dessert]
→ I want chocolate

2 나는 사탕을 원해. [pie] [candy]
→ I want candy

3 나는 디저트를 원해. [ice cream] [dessert]
→ I want dessert

C 다음 우리말에 맞게 카드를 배열한 후, 완성된 문장을 큰 소리로 읽으세요.

1 나는 파이를 원해. [I] [pie] [want] [.]
→ I want pie.

2 나는 아이스크림을 원해. [want] [I] [ice cream] [.]
→ I want ice cream.

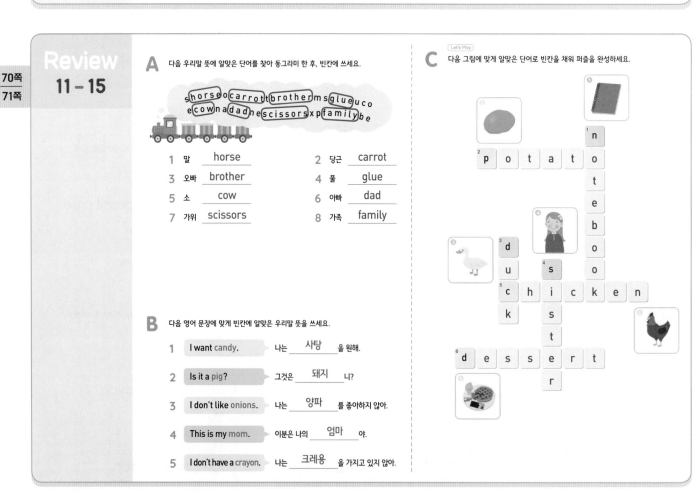

Review 11 - 15

A 다음 우리말 뜻에 알맞은 단어를 찾아 동그라미 한 후, 빈칸에 쓰세요.

s h o r s e o c a r r o t b r o t h e r m s g l u e u c o
e c o w n a d a d n e s c i s s o r s x p f a m i l y b e

1 말 horse   2 당근 carrot
3 오빠 brother 4 풀 glue
5 소 cow   6 아빠 dad
7 가위 scissors 8 가족 family

B 다음 영어 문장에 맞게 빈칸에 알맞은 우리말 뜻을 쓰세요.

1 I want candy. 나는 사탕 을 원해.
2 Is it a pig? 그것은 돼지 니?
3 I don't like onions. 나는 양파 를 좋아하지 않아.
4 This is my mom. 이분은 나의 엄마 야.
5 I don't have a crayon. 나는 크레용 을 가지고 있지 않아.

C 다음 그림에 맞게 알맞은 단어로 빈칸을 채워 퍼즐을 완성하세요.

Across/Down:
- p o t a t o
- n / t / e / t / b / o / o
- d u k
- s / s / t
- c h i c k e n
- d e s s e r t
- r

118

16

배운 단어를 확인해요!

car 자동차
bus 버스
train 기차
ship 배
⭐ airplane
비행기

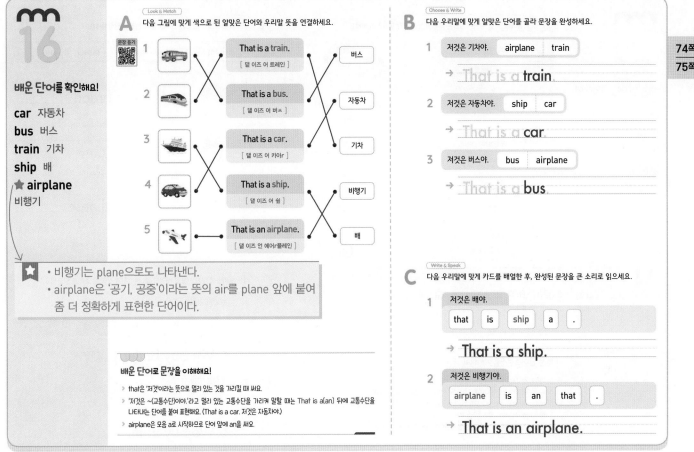

A (Look & Match)
다음 그림에 맞게 색으로 된 알맞은 단어와 우리말 뜻을 연결하세요.

1 That is a train. [댈 이즈 어 트레인]
2 That is a bus. [댈 이즈 어 버쓰]
3 That is a car. [댈 이즈 어 카아r]
4 That is a ship. [댈 이즈 어 쉽]
5 That is an airplane. [댈 이즈 언 에어r플레인]

버스 / 자동차 / 기차 / 비행기 / 배

⭐
• 비행기는 plane으로도 나타낸다.
• airplane은 '공기, 공중'이라는 뜻의 air를 plane 앞에 붙여 좀 더 정확하게 표현한 단어이다.

배운 단어로 문장을 이해해요!
> that은 '저것'이라는 뜻으로 멀리 있는 것을 가리킬 때 써요.
> '저것은 ~(교통수단)이야.'라고 멀리 있는 교통수단을 가리켜 말할 때는 That is a(an) 뒤에 교통수단을 나타내는 단어를 붙여 표현해요. (That is a car. 저것은 자동차야.)
> airplane은 모음 a로 시작하므로 단어 앞에 an을 써요.

B (Choose & Write)
다음 우리말에 맞게 알맞은 단어를 골라 문장을 완성하세요.

1 저것은 기차야. [airplane] [train]
→ That is a **train**.

2 저것은 자동차야. [ship] [car]
→ That is a **car**.

3 저것은 버스야. [bus] [airplane]
→ That is a **bus**.

C (Write & Speak)
다음 우리말에 맞게 카드를 배열한 후, 완성된 문장을 큰 소리로 읽으세요.

1 저것은 배야.
[that] [is] [ship] [a] [.]
→ That is a ship.

2 저것은 비행기야.
[airplane] [is] [an] [that] [.]
→ That is an airplane.

74쪽 / 75쪽

17

배운 단어를 확인해요!

⭐ sun 해
⭐ moon 달
cloud 구름
star 별
sky 하늘

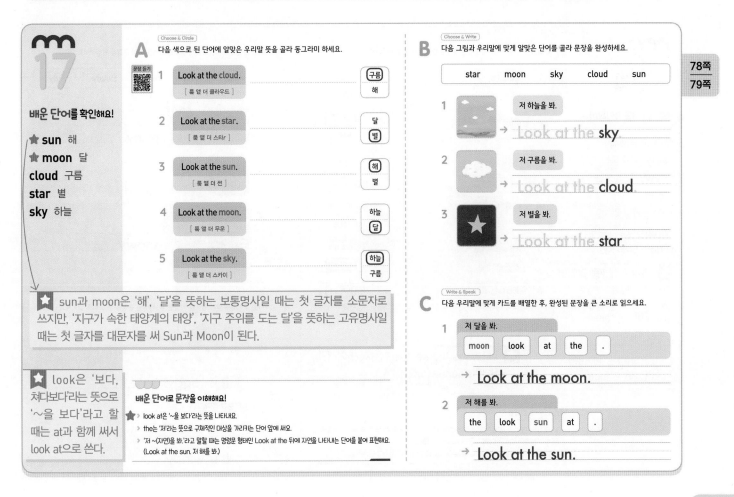

A (Choose & Circle)
다음 색으로 된 단어에 알맞은 우리말 뜻을 골라 동그라미 하세요.

1 Look at the cloud. [룩 앹 더 클라우드] — 구름 / 해
2 Look at the star. [룩 앹 더 스타r] — 달 / 별
3 Look at the sun. [룩 앹 더 썬] — 해 / 별
4 Look at the moon. [룩 앹 더 무운] — 해 / 달
5 Look at the sky. [룩 앹 더 스카이] — 하늘 / 구름

⭐ sun과 moon은 '해', '달'을 뜻하는 보통명사일 때는 첫 글자를 소문자로 쓰지만, '지구가 속한 태양계의 태양', '지구 주위를 도는 달'을 뜻하는 고유명사일 때는 첫 글자를 대문자를 써 Sun과 Moon이 된다.

⭐ look은 '보다, 쳐다보다'라는 뜻으로 '~을 보다'라고 할 때는 at과 함께 써서 look at으로 쓴다.

배운 단어로 문장을 이해해요!
⭐ > look at은 '~을 보다'는 뜻을 나타내요.
> the는 '저라는 뜻으로 구체적인 대상을 가리키는 단어 앞에 써요.
> '저 ~(자연)을 봐.'라고 말할 때는 명령문 형태인 Look at the 뒤에 자연을 나타내는 단어를 붙여 표현해요. (Look at the sun. 저 해를 봐.)

B (Choose & Write)
다음 그림과 우리말에 맞게 알맞은 단어를 골라 문장을 완성하세요.

[star] [moon] [sky] [cloud] [sun]

1 저 하늘을 봐. → Look at the **sky**.
2 저 구름을 봐. → Look at the **cloud**.
3 저 별을 봐. → Look at the **star**.

C (Write & Speak)
다음 우리말에 맞게 카드를 배열한 후, 완성된 문장을 큰 소리로 읽으세요.

1 저 달을 봐.
[moon] [look] [at] [the] [.]
→ Look at the moon.

2 저 해를 봐.
[the] [look] [sun] [at] [.]
→ Look at the sun.

78쪽 / 79쪽

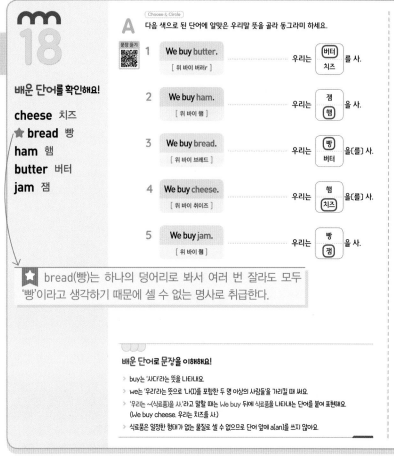

18

배운 단어를 확인해요!

cheese 치즈
★ bread 빵
ham 햄
butter 버터
jam 잼

★ bread(빵)는 하나의 덩어리로 봐서 여러 번 잘라도 모두 '빵'이라고 생각하기 때문에 셀 수 없는 명사로 취급한다.

A [Choose & Circle] 다음 색으로 된 단어에 알맞은 우리말 뜻을 골라 동그라미 하세요.

문장 듣기

1 We buy butter.
[위 바이 버터r]
우리는 [버터 / 치즈]를 사.

2 We buy ham.
[위 바이 햄]
우리는 [잼 / 햄]을 사.

3 We buy bread.
[위 바이 브레드]
우리는 [빵 / 버터]을[를] 사.

4 We buy cheese.
[위 바이 취즈]
우리는 [햄 / 치즈]을[를] 사.

5 We buy jam.
[위 바이 잼]
우리는 [빵 / 잼]을 사.

배운 단어로 문장을 이해해요!

> buy는 '사다'라는 뜻을 나타내요.
> we는 '우리'라는 뜻으로 '나(I)'를 포함한 두 명 이상의 사람들을 가리킬 때 써요.
> '우리는 ~(식료품)을 사.'라고 말할 때는 We buy 뒤에 식료품을 나타내는 단어를 붙여 표현해요.
> (We buy cheese. 우리는 치즈를 사.)
> 식료품은 일정한 형태가 없는 물질로 셀 수 없으므로 단어 앞에 a[an]를 쓰지 않아요.

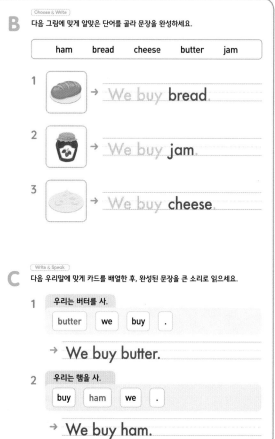

B [Choose & Write] 다음 그림에 맞게 알맞은 단어를 골라 문장을 완성하세요.

| ham | bread | cheese | butter | jam |

1 → We buy **bread**.

2 → We buy **jam**.

3 → We buy **cheese**.

C [Write & Speak] 다음 우리말에 맞게 카드를 배열한 후, 완성된 문장을 큰 소리로 읽으세요.

1 우리는 버터를 사.

[butter] [we] [buy] [.]

→ We buy butter.

2 우리는 햄을 사.

[buy] [ham] [we] [.]

→ We buy ham.

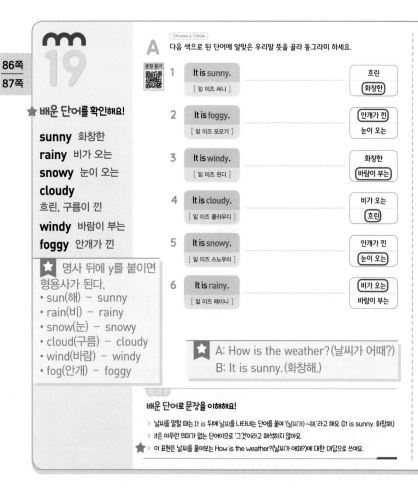

19

★ 배운 단어를 확인해요!

sunny 화창한
rainy 비가 오는
snowy 눈이 오는
cloudy 흐린, 구름이 낀
windy 바람이 부는
foggy 안개가 낀

★ 명사 뒤에 y를 붙이면 형용사가 된다.
• sun(해) – sunny
• rain(비) – rainy
• snow(눈) – snowy
• cloud(구름) – cloudy
• wind(바람) – windy
• fog(안개) – foggy

A [Choose & Circle] 다음 색으로 된 단어에 알맞은 우리말 뜻을 골라 동그라미 하세요.

문장 듣기

1 It is sunny.
[잇 이즈 써니]
[흐린 / 화창한]

2 It is foggy.
[잇 이즈 포오기]
[안개가 낀 / 눈이 오는]

3 It is windy.
[잇 이즈 윈디]
[화창한 / 바람이 부는]

4 It is cloudy.
[잇 이즈 클라우디]
[비가 오는 / 흐린]

5 It is snowy.
[잇 이즈 스노우이]
[안개가 낀 / 눈이 오는]

6 It is rainy.
[잇 이즈 레이니]
[비가 오는 / 바람이 부는]

★ A: How is the weather?(날씨가 어때?)
B: It is sunny.(화창해.)

배운 단어로 문장을 이해해요!

> 날씨를 말할 때는 It 뒤에 날씨를 나타내는 단어를 붙여 '(날씨가) ~해.'라고 해요. (It is sunny. 화창해.)
> it은 아무런 의미가 없는 단어이므로 '그것'이라고 해석하지 않아요.
> ★ 이 표현은 날씨를 물어보는 How is the weather?(날씨가 어때?)에 대한 대답으로 쓰여요.

B [Choose & Write] 다음 그림과 우리말에 맞게 알맞은 단어를 골라 문장을 완성하세요.

| snowy | rainy | sunny | cloudy | windy |

1 비가 와.
→ It is **rainy**.

2 흐려.
→ It is **cloudy**.

3 눈이 와.
→ It is **snowy**.

C [Write & Speak] 다음 우리말에 맞게 카드를 배열한 후, 완성된 문장을 큰 소리로 읽으세요.

1 안개가 끼어있어.

[is] [it] [foggy] [.]

→ It is foggy.

2 바람이 불어.

[windy] [is] [it] [.]

→ It is windy.

20

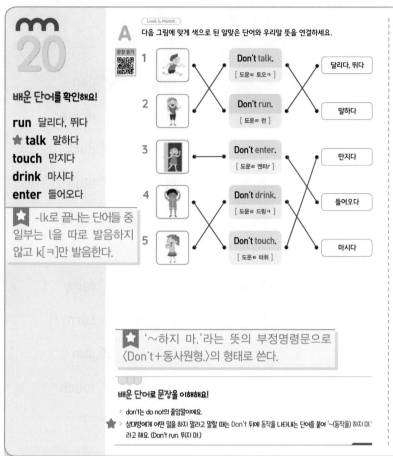

배운 단어를 확인해요!

run 달리다, 뛰다
★ **talk** 말하다
touch 만지다
drink 마시다
enter 들어오다

★ -lk로 끝나는 단어들 중 일부는 l을 따로 발음하지 않고 k[ㅋ]만 발음한다.

A [Look & Match] 다음 그림에 맞게 색으로 된 알맞은 단어와 우리말 뜻을 연결하세요.

1 Don't talk. [도운트 토오크] — 달리다, 뛰다
2 Don't run. [도운트 런] — 말하다
3 Don't enter. [도운트 엔터r] — 만지다
4 Don't drink. [도운트 드링크] — 들어오다
5 Don't touch. [도운트 터취] — 마시다

★ '~하지 마.'라는 뜻의 부정명령문으로 〈Don't+동사원형.〉의 형태로 쓴다.

배운 단어로 문장을 이해해요!

› don't는 do not의 줄임말이에요.
★ 상대방에게 어떤 일을 하지 말라고 말할 때는 Don't 뒤에 동작을 나타내는 단어를 붙여 '~(동작을) 하지 마.'라고 해요. (Don't run. 뛰지 마.)

B [Choose & Write] 다음 우리말에 맞게 알맞은 단어를 골라 문장을 완성하세요.

talk	enter	touch	run	drink

1 들어오지 마.
→ Don't enter.

2 만지지 마.
→ Don't touch.

3 마시지 마.
→ Don't drink.

C [Write & Speak] 다음 우리말에 맞게 알맞은 카드를 골라 배열한 후, 완성된 문장을 큰 소리로 읽으세요.

1 말하지 마.
talk / don't / touch / .
→ Don't talk.

2 뛰지 마.
enter / run / don't / .
→ Don't run.

90쪽 91쪽

Review 16-20

A 다음 단어에 알맞은 우리말 뜻을 찾아 쓰세요.

기차 → 달 → 빵 → 들어오다
비가 오는 → 만지다 → 비행기 → 별

1 touch 만지다
2 bread 빵
3 train 기차
4 star 별
5 airplane 비행기
6 enter 들어오다
7 moon 달
8 rainy 비가 오는

B 다음 우리말에 맞게 빈칸에 철자를 바르게 배열하여 문장을 완성하세요.

1 뛰지 마. — Don't ___run___. (urn)
2 저것은 자동차야. — That is a ___car___. (rac)
3 저 해를 봐. — Look at the ___sun___. (uns)
4 우리는 치즈를 사. — We buy ___cheese___. (hecese)
5 화창해. — It is ___sunny___. (unsny)

C [Let's Play] 다음 우리말 뜻에 알맞은 단어를 찾아 동그라미 한 후, 빈칸에 쓰세요.

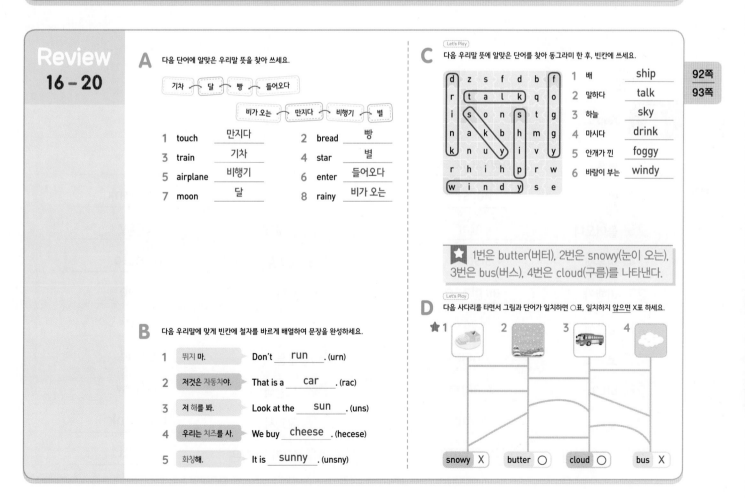

1 배 ship
2 말하다 talk
3 하늘 sky
4 마시다 drink
5 안개가 낀 foggy
6 바람이 부는 windy

★ 1번은 butter(버터), 2번은 snowy(눈이 오는), 3번은 bus(버스), 4번은 cloud(구름)를 나타낸다.

D [Let's Play] 다음 사다리를 타면서 그림과 단어가 일치하면 ○표, 일치하지 않으면 X표 하세요.

★1 2 3 4

snowy X   butter ○   cloud ○   bus X

92쪽 93쪽

A Step 1

94쪽

01	의자	☑ chair	☐ bed
02	수영하다	☐ ski	☑ swim
03	가다	☐ come	☑ go
04	인형	☐ ball	☑ doll
05	아빠	☑ dad	☐ mom
06	포도	☐ pear	☑ grape
07	기차	☑ train	☐ car
08	입	☑ mouth	☐ nose
09	(길이가) 긴	☐ big	☑ long
10	하늘	☑ sky	☐ star

11	펜	☐ ruler	☑ pen
12	풀	☑ glue	☐ eraser
13	오리	☐ pig	☑ duck
14	파란색	☐ black	☑ blue
15	파이	☑ pie	☐ candy
16	물고기	☑ fish	☐ bird
17	비가 오는	☐ cloudy	☑ rainy
18	감자	☑ potato	☐ corn
19	잼	☐ ham	☑ jam
20	만지다	☐ run	☑ touch

A Step 2

94쪽

21	필통	pencil case
22	말	horse
23	들어오다	enter
24	여동생	sister
25	비행기	airplane
26	검은색	black
27	코	nose
28	바나나	banana
29	토끼	rabbit
30	아이스크림	ice cream

31	침대	bed
32	공책	notebook
33	안개가 낀	foggy
34	토마토	tomato
35	오다	come
36	공	ball
37	구름	cloud
38	노란색	yellow
39	교과서	textbook
40	(크기가) 작은	small

B Step 1

01	ruler	☑ 자	☐ 지우개	11	moon	☐ 해	☑ 달
02	cow	☐ 말	☑ 소	12	green	☑ 초록색	☐ 빨간색
03	bat	☑ 방망이	☐ 책	13	brother	☐ 누나	☑ 형
04	carrot	☐ 양파	☑ 당근	14	snowy	☑ 눈이 오는	☐ 화창한
05	table	☐ 소파	☑ 식탁	15	stand	☑ 서다	☐ 앉다
06	ham	☑ 햄	☐ 잼	16	talk	☐ 달리다	☑ 말하다
07	face	☐ 귀	☑ 얼굴	17	bird	☑ 새	☐ 토끼
08	cat	☑ 고양이	☐ 개	18	orange	☐ 사과	☑ 오렌지
09	ship	☐ 자동차	☑ 배	19	butter	☑ 버터	☐ 빵
10	dessert	☐ 사탕	☑ 디저트	20	cloudy	☐ 바람이 부는	☑ 흐린

B Step 2

21	ear	귀	31	eraser	지우개
22	star	별	32	skate	스케이트를 타다
23	famliy	가족	33	chicken	닭
24	drink	마시다	34	stop	멈추다
25	sofa	소파	35	robot	로봇
26	corn	옥수수	36	chocolate	초콜릿
27	bread	빵	37	pear	배
28	ski	스키를 타다	38	bus	버스
29	cook	요리하다	39	short	(길이가) 짧은
30	windy	바람이 부는	40	scissors	가위

96쪽

01	이것은 내 눈이야.	This is my	eye .
02	그것은 (크기가) 커.	It is	big .
03	나는 노래할 수 있어.	I can	sing .
★04	앉아.		Sit down.
05	나는 연필을 가지고 있어.	I have a	pencil .
06	나는 양파를 좋아하지 않아.	I don't like	onion s.
07	화창해.	It is	sunny .
08	뛰지 마.	Don't	run .
09	그것은 책상이야.	It is a	desk .
10	너는 개를 가지고 있니?	Do you have a	dog ?

⭐ 상대방에게 지시하는 문장으로 첫 글자는 대문자로 쓴다.

96쪽

11	It is red.	그것은 빨간색 이야.
12	We buy cheese.	우리는 치즈 를 사.
13	This is my mom.	이분은 나의 엄마 야.
14	That is a car.	저것은 자동차 야.
15	Look at the sun.	저 해 를 봐.
16	I like apples.	나는 사과 를 좋아해.
17	It is my book.	그것은 내 책 이야.
18	I want candy.	나는 사탕 을 원해.
19	Is it a pig?	그것은 돼지 니?
20	I don't have a crayon.	나는 크레용 을 가지고 있지 않아.